Yooney Choi's All About Sugarcraft

달콤한 시간
참 쉬운 슈가크래프트

달콤한 시간
참 쉬운 슈가크래프트

2015. 10. 16. 초 판 1쇄 인쇄
2015. 10. 26. 초 판 1쇄 발행

지은이 | 최정윤
펴낸이 | 이종춘
펴낸곳 | BM 성안당

주소 | 121-838 서울시 마포구 양화로 127 첨단빌딩 5층(출판기획 R&D 센터)
      413-120 경기도 파주시 문발로 112(제작 및 물류)
전화 | 02) 3142-0036
       031) 950-6300
팩스 | 031) 955-0510
등록 | 1973.2.1 제13-12호
출판사 홈페이지 | www.cyber.co.kr
ISBN | 978-89-315-7857-7 (13630)
정가 | 19,800원

이 책을 만든 사람들
책임 | 최옥현
기획 · 진행 | 정지현
표지 · 본문 디자인 | 상想 company
홍보 | 전지혜
국제부 | 이선민, 조혜란, 신미성, 김필호
마케팅 | 구본철, 차정욱, 나진호, 이동후, 강호묵
제작 | 김유석

이 책의 어느 부분도 저작권자나 BM 성안당 발행인의 승인 문서 없이 일부 또는 전부를 사진 복사나 디스크 복사 및 기타 정보 재생 시스템을 비롯하여 현재 알려지거나 향후 발명될 어떤 전기적, 기계적 또는 다른 수단을 통해 복사하거나 재생하거나 이용할 수 없음.

※ 잘못된 책은 바꾸어 드립니다.

Yooney Choi's All About Sugarcraf

달콤한 시간
참 쉬운 슈가크래프트

최정윤 지음

BM 성안당

Preface

슈가크래프트의 멋과 아름다움을 공유하기 위해

10여 년 전 영국에서 슈가크래프트를 배워 한국에 들어왔을 당시만 해도 저는 늘 제 직업을 설명해야만 하는 사람이었습니다. "저는 슈가크래프트를 하는 사람입니다." 하고 말하면, 대부분의 사람들이 "스타크래프트요?" 하고 물어보았죠. 작품을 직접 보여주는 전시에서도 슈가크래프트의 우리말 '설탕공예'를 아무리 크게 써 붙여 놓아도 한참 구경하고 나서는 "근데 뭐가 설탕이라는 거예요?" 라고 물어보는 사람들이 부지기수였습니다. 그리고 어릴 적 동네에서 먹던 뽑기와 비슷한 무언가 일거라고 미루어 짐작하는 사람도 많았습니다.

그러나 이제는 예전처럼 슈가크래프트 관련 도구나 재료를 하나 사기 위해 벼르고 별러 한참 기다렸다 영국에서 물건을 받는 일도 없고, 더 이상 슈가크래프트가 어릴 적 설탕 뽑기와는 다르다는 걸 굳이 설명하지 않아도 됩니다. 요즘은 오히려 슈가크래프트의 멋과 아름다움을 알아보고 생활 곳곳에서 유용하게 활용하고 있는 모습을 보면 새삼 신기하고, 뿌듯하기도 합니다. 엄마가 아이를 위해 직접 백일, 돌 케이크를 만들기도 하고, 결혼을 앞둔 예비신부가 설레는 마음으로 직접 웨딩 케이크를 만들기도 하죠.
하지만 생전 만져본 적도 없는 슈가 페이스트, 설탕 반죽을 가지고 뭘 어떻게 해야 할지 몰라 순간의 관심으로 그치는 안타까운 경우를 많이 보았습니다.

이 책은 작품을 보면 마냥 어려워 보여도 막상 해보면 '어? 나도 할 수 있네?' 라며 자신감이 새록새록 붙는 신기한 슈가크래프트의 세상을 좀 더 많은 사람들과 함께 하고 싶어 집필하게 되었습니다.

결혼할 때 직접 웨딩 케이크와 부케를 만들며 느꼈던 기쁨과 설렘, 남편 생일파티에 나의 사랑과 정성이 담긴 직접 만든 케이크를 들고 나타나 동료들 앞에서 남편 어깨를 으쓱하게 만들었던 특별한 추억, 이모표 돌 케이크로 조카들 돌상을 장식해 행복했던 기억 등….
다른 이들도 슈가크래프트를 통해 저와 같은 소소한 즐거움과 따뜻한 행복을 경험하길 바라는 마음입니다.

Special thanks to ….
나의 힘의 원천인 내 남편 한우진 님, 사랑하는 나의 엄마 故서을석 님

저자 최 정 윤

Contents

Part 1 슈가크래프트 베이직 가이드

슈가크래프트 이야기
- 슈가크래프트(Sugarcraft) 012
- 슈가크래프트 아티스트(설탕공예가) 013

슈가크래프트, 도구·재료 준비하기
- 기본 도구 014
- 기타 도구 016
- 주요 재료 016
- 기타 재료 018
- 구매처 018

슈가크래프트의 시작, 기본 반죽 만들기
- 페이스트(Paste) 만들기 019
- 로얄 아이싱(Royal icing) 만들기 020

알아두면 유용한 슈가크래프트 TIP
- 페이스트에 문제가 생기는 이유와 해결 방법 022
- 도구·재료 보관법과 기타 주의사항 024
- 슈가 플라워 제작·보관시 주의사항 025

Part 2 슈가 데코레이팅

Level 1 데코레이팅 기본(Decorating basics)
- 커버링(Coating with sugarpaste) 028
- 몰드 사용하기(Sugarpaste moulding) 030
- 드레이프 장식(Draping) 030
- 로프 장식(Rope decoration) 031
- 크림퍼 장식(Crimper work) 032
- 엠보싱 장식(Embossing) 032
- 프릴 장식(Frills) 033
- 스텐실(Stenciling) 034
- 로즈 페인팅(Painting roses on sugarpaste) 035
- 리본 장식(Ribbons) 033
- 리본 플라워 장식(Ribbon flowers) 037

Level 2 모델링(Modeling)
- 귀염둥이 테디베어(Teddy bear) 042
- 잠자는 아기 케이크(Sleeping baby cake) 044
- 슈가 장갑(Sugar gloves) 046
- 슈가 슈즈(Sugar shoes) 048
- 꿈꾸는 발레리나(ballerina) 050

Level 3 로얄 아이싱 워크(Royal icing work)
- 로얄 아이싱 플라워(Piped flowers) 054
- 브러시 임브로이더리(Brush embroidery) 055
- 아일렛 임브로이더리(Eyelet embroidery) 056
- 레이스 워크(Lace work) 056
- 익스텐션 워크(Extention work) 057

Part 3 슈가 플라워

슈가 플라워 기본 기법

- 와이어드 플라워즈 기법(Wired flowers method) 062
- 멕시칸 햇 기법(Mexican hat method) 063
- 풀드 플라워즈 기법(Pulled flowers method) 063
- 베이너 이용한 잎맥 만들기(Veining) 064
- 꽃잎에 프릴 넣기(Frills) 065
- 더스팅하기(Dusting) 065
- 페인팅하기(Painting) 065
- 스티밍하기(Steaming) 066
- 꽃가루 만들기(Making pollen) 066
- 광택내기(Varnishing) 066

슈가 플라워 Level 1

- 은방울꽃(Lily of the valley) 068
- 아럼 릴리(칼라)(Arum lily) 071
- 스노우베리(Snowberries) 074
- 램블링 로즈(Rambling rose) 080
- 튜브로즈(Tuberose) 083
- 라일락(Lilac) 087
- 수국(Hydrangea) 091
- 스윗피(Sweet peas) 095
- 카네이션(Carnation) 099

슈가 플라워　Level 2

- 심비디움(Cymbidium)　104
- 호접란(Moth orchid)　108
- 붉은 모란(Red Peony)　114
- 칠리 페퍼(Chilly peppers)　118
- 포인세티아(Poinsettia)　122
- 홀리베리(Hollyberries)　129
- 낙산홍(Redberries)　132
- 분홍 장미(Pink rose)　134
- 쟈스민(Jasmine)　139

슈가 플라워　Level 3

- 다알리아(Dahlia)　146
- 홍매(Red ume flowers)　149
- 스타게이저 릴리(Stargazer lily)　154
- 벚꽃(Cherry blossoms)　158
- 거베라(쟈브라, Gerbera)　165
- 백작약(White peony)　163
- 패럿 튤립(Parrot tulip)　172

부록　슈가크래프트 이론 문제　177

Part 1

슈가크래프트 베이직 가이드

슈가크래프트 이야기

슈가크래프트(Sugarcraft)

슈가크래프트란 설탕으로 만드는 각종 장식물로 그 분야와 용도가 매우 세분화되어 있다. 크게 세 분야로 플라워 페이스트(Flower paste)로 꽃을 만들어 장식하는 와이어드 플라워(Wired flowers), 슈가 페이스트(Sugar paste)를 이용하여 각종 장식품을 올리는 모델링(Modelling), 로얄 아이싱(Royal icing)을 가느다란 튜브로 짜서 케이크를 장식하는 파이핑(Piping) 기법으로 나누어진다.
작가의 개성에 따라 케이크 장식이 될 수도 있고 테이블의 센터피스로 응용될 수도 있으며 기념일에 적절한 기념품이 되기도 한다. 영국이 원조국이며, 세계적인 아티스트들이 집중적으로 모여있는 만큼 그 창의성이나 독창성의 뛰어남을 인정하지 않을 수 없는 예술 분야 중 하나이다.

슈가크래프트가 가장 대중적으로 많이 활용될 수 있는 분야는 각종 기념일 케이크이다. 설탕 자체가 천연 방부제 역할을 하여 변치 않는 아름다움을 자랑한다. 케이크 윗면의 장식(꽃 또는 모델링)은 특별한 날을 기리는 선물로 보관할 수 있으며, 아래의 케이크 부분은 함께 하는 사람들과 맛있게 나누어 먹을 수 있다. 아이들을 위한 돌, 백일 잔치 케이크. 환갑이나 칠순을 위한 케이크, 결혼식을 빛내는 웨딩 케이크, 각종 기념일이나 프로포즈를 위한 특별 주문 케이크 등이 있다.
또한 케이크 뿐 아니라 슈가 플라워의 시들지 않는 아름다움을 느낄 수 있는 테이블 센터피스, 푸드 데코레이션, 선물용 데코레이션, 보관용 부케 등 활용범위가 매우 넓다.

슈가크래프트 아티스트(설탕공예가)

현재 한국에서 희소성의 가치를 인정받을 수 있는 분야인 슈가크래프트를 이용하여 각종 기념일 케이크 또는 생활 소품을 만드는 일을 하며, 주로 케이크 디자이너 또는 튜터(지도자)로 활동한다. 슈가 플라워를 만들고 어레인지를 하는 슈가 플로리스트, 캐릭터 케이크를 만드는 노벨티 케이크 디자이너, 화려한 웨딩 케이크를 만드는 웨딩 케이드 디자이너, 설탕을 이용한 각종 소품(캔디 상자, 케이크 위의 장식품) 등을 주로 만드는 모델링 전문가 등이 있다. 같은 슈가크래프트 아티스트라 하더라도 각자의 개성과 실력에 따라 전문적으로 활동하는 분야가 다르다. 또 다른 기준으로 나누면 자신의 작품을 만들어 판매하는 데 목적을 두는 경우와 수강생을 지도하는 공방을 운영하는 경우로도 나눌 수 있다. 때에 따라 판매와 수강생 지도를 동시에 하기도 한다.

슈가크래프트 아티스트가 되기 위해서는,

진로의 목적에 따라(주문 케이크, 소품 판매 또는 수강생 지도) 교육의 기간과 난이도가 달라지긴 하지만 일반적으로 6개월 정도의 기본 교육을 마치고 나면 스스로 창의적인 작품을 할 수 있는 기본적인 기술을 터득할 수 있다. 기본적인 슈가 플라워, 슈가 페이스트를 이용한 데코레이션 기법, 파이핑, 모델링 기법 등을 마스터한 후 케이크 디자이너나 공방 운영자로서 활동할 수 있다. 간단한 케이크 판매가 목적이라면 6개월~1년 정도의 교육으로도 충분하지만 수강생 지도라던가 작가로서의 수준 높은 작품 활동을 원할 경우 조금 더 긴 시간을 두고 심도 있는 교육이 필요하다.

슈가크래프트, 도구·재료 준비하기

기본 도구

❶ **넌스틱 보드(Nonstick board)** 반죽을 밀 때 사용하는 보드로 넌톡식(무독성)이고, 반죽이 달라붙지 않는 플라스틱 재질로 일반 플라스틱 보드보다 비싸다. 홈이 패어있는 것은 넌스틱 그루브 보드(Nonstick grooved board)라고 한다.

❷ **스펀지 패드** 가장자리를 펼 때 밑에서 받쳐주는 역할을 하며, 아주 단단한 재질부터 물렁한 것까지 취향과 용도에 따라 선택이 달라진다.

❸ **커팅휠 또는 휠커터(Cutting wheel, Wheel cutter)** 바퀴처럼 생긴 둥근 날이 붙어있는 기구로 단면을 자를 때 사용한다.

❹ **셀 스틱(Cel stick)** 연필만 한 굵기부터 이쑤시개만 한 것까지 종류가 아주 다양하다. 작은 사이즈의 반죽을 밀거나 모델링할 때 사용한다. cel(셀)사의 제품이 가장 유명하여 가는 스틱이나 핀을 모두 셀 스틱, 셀 핀이라 부른다.

❺ **롤링 핀(Rolling pin)** 반죽을 밀어 펴는 밀대이다.

❻ **핀셋(Pincette)** 작은 물건을 집거나 모양을 낼 때 쓰는 도구이다.

❼ **공예용 가위** 일반 가위보다 크기가 작고 뾰족한 가위이다.

❽ **본툴(Bone tool) 또는 볼툴(ball tool)** 본툴은 생긴 것이 마치 뼈다귀 같다고 해서 붙여진 이름으로 프릴을 주거나 가장자리를 부드럽게 펴주는 도구이다. 볼툴은 머리가 공처럼 생긴 도구로 가장자리에 프릴을 만들 때 사용한다.

❾ **실크 베이닝 툴(Silk veining tool)** 꽃잎의 맥을 미세하고 정교하게 표현하기 위해 사용되는 도구로 개럿 프릴을 만들 때 꼭 필요하다.

❿ **와이어 커터(Wire cutter)** 철사를 자르는 도구이다.

⓫ **플로랄 테이프** 꽃 테이프라고도 불리며, 감을 때 사용된다.

⓬ **철사(와이어)** 공예용 지철사이다.

슈가크래프트, 도구·재료 준비하기

기타 도구

- **크림퍼(Crimper)** 모양을 내는 집게로 가장자리에 다양한 무늬를 만들 때 사용한다.
- **커터(Cutter)** 각종 꽃이나 잎사귀 모양을 찍어내는 틀이다.
- **플런저(Plunger)** 작은 꽃 등의 모양을 찍어내면서 동시에 콕콕 눌러 모양을 붙여줄 때 사용한다.
- **레이스 몰드(Lace mould)** 레이스처럼 생긴 고무 틀. 슈가 페이스트로 모양을 찍어 레이스 모양으로 장식을 낼 때 사용하는 도구이다.
- **립드 롤링 핀(Ribbed rolling pin)** 세로로 골진 무늬가 들어간 소형 밀대로 스모킹(영국 정통 주름 모양) 효과를 낼 때 사용한다.
- **퀼팅 휠(Quilting wheel)** 톱니바퀴처럼 생긴 기구로 도로록 굴리면 마치 바느질 자국 같은 톱자국을 낼 때 필요하다.
- **스무더(Smoother)** 케이크 표면을 매끈하게 만져줄 때 필요한 작은 판이다.
- **글래스 헤드 핀(Glass head pin)** 재봉할 때 사용하는 핀이다.
- **팔레트 나이프(Palette knife)** 로얄 아이싱을 패들링(왔다갔다하며 기포를 없애주는 작업)하거나, 얇은 페이스트를 떼어낼 때 이용한다.
- **노즐(Nozzle)** 파이핑 튜브(짜기, 깍지)의 다른 표현이다.
- **스크라이버(Scriber)** 얇은 바늘. 슈가 페이스트 표면이나 로얄 아이싱 표면에 흠집을 내어(그림을 그려) 미리 표시를 할 때 필요하다.

주요 재료

- **페이스트(Paste)**
  - **플라워 페이스트(Flower paste)** 검 페이스트(Gum paste)라고도 불리며, 슈가 플라워를 만드는 가장 기본적인 재료이다.
  - **슈가 페이스트(Sugar paste)** 폰던트(Fondant)라고도 하며, 케이크를 커버링하거나 검 페이스트와 섞어 모델링 페이스트를 만들 때 사용하는 기본 반죽이다. 직접 만들 수도 있지만 편리성과 간편성 때문에 시중에서 파는 제품을 선호하고 있다. 기호에 따라 바닐라, 초콜렛, 딸기향 등 취향대로 색상과 맛 등을 고를 수 있다.

- **젤라틴(Gelatin)** 콜라겐이라 불리는 동물성 단백질로 만들어진 재료로 동물의 연골 조직에서 추출한다. 주로 판 젤라틴과 가루 젤라틴 형태로 나눠지며 젤리, 마시멜로우, 글레이즈, 파스티야주, 플라워 페이스트 및 슈가 페이스트 제조에 사용된다.
  - **판 젤라틴 사용법** 찬물에 조직을 완전히 불린 후 물기를 제거하고 중탕하여 사용한다.
  - **가루 젤라틴 사용법** 찬물과 섞어 모든 가루가 물을 흡수하여 팽창되면 중탕하여 사용한다. 끓이지 않도록 주의한다.

- **검 아라빅(Gum Arabic E414)** 수단, 이란, 호주 등에서 자라는 아카시아 나무의 수액으로 만들어진 재료로서 각종 케이크의 과일과 너트류의 광택제(30g 검 아라빅 + 120ml 물)로 사용된다. 슈가크래프트에서는 꽃잎 등을 붙이기 위한 풀로 사용되기도 한다(50g 검 아라빅 + 50ml 물).

- **검 트라가칸쓰(Gum Tragacanth E413)** 터키, 시리아 등에서 자라는 아스트랄라거스(Astragalus) 나무의 수액으로 파스티야주, 슈가 페이스트와 플라워 페이스트 제조에 사용된다. 가장 비싼 검이지만 매우 강하다.

- **씨엠씨(Carboxyl Methyl Cellulose(CMC) E466)** 검 트라가칸쓰의 대체품으로 만들어진 인공적인 식용고무로 안정제로 사용된다. 플라워 페이스트와 슈가 페이스트 제조에 사용되나 고무 성질이 강하므로 파스티야주에는 적합하지 않다.

- **지방 스프레이(Spray fat)**
분무기를 이용해 액체 쇼트닝을 분사하여 표면에 우수한 광택 효과를 낸다. 분사 후 반드시 티슈로 여분의 지방을 눌러 없애준다. 지나친 분사는 컬러 등을 뭉치게 해서 애써 만든 작품을 망가뜨릴 수 있으므로 주의한다.

- **광택제(Confectioners vanish)** 광택을 많이 필요로 하는 홀리나 베리 종류를 만들 때 사용되는 액체 광택제로 우수한 광택효과가 있다. 잎사귀나 열매를 광택제에 담갔다가 꺼내어 여분을 털어내고 건조시킨다.

- **스티밍(Steaming, 김쏘이기)** 완전히 건조된 슈가 플라워를 끓는 물의 뜨거운 증기 위에서 김을 쏘여서 표면이 반질반질하게 보이는 효과를 낸다. 반드시 완전히 건조된 꽃이나 잎을 사용해야만 꽃잎이 늘어지는 현상이 발생하지 않는다.

> **tip** 지방 스프레이, 광택제, 스티밍을 이용한 글레이징 테크닉으로 광택을 낸다.

기타 재료

- **이소프로필 알코올(Isopropyl Alcohol)** 광택의 농도를 조절할 수 있다(3/4 varnish 1/4 alcohol, 1/2 varnish 1/2 alcohol, 1/4 varnish 3/4 alcohol).
- **쇼트닝** 반죽의 농도를 조절하거나 달라붙지 않도록 소량씩 사용하는 식물성 기름이다.
- **옥수수 전분** 끈적끈적한 상태의 반죽을 보송하게 만들어 작업하기 용이하도록 하는 데 사용한다.
- **페이스트 컬러** 슈가 페이스트나 플라워 페이스트에 색을 낼 때 사용되는 식용 색소이다.
- **리퀴드 컬러** 로얄 아이싱에 사용되는 액체 타입의 식용 색소이다.
- **더스팅 컬러** 가루 타입의 색소로 그라데이션을 주거나 색칠을 할 때 사용한다.

구매처

- **서비튼 슈가아트** 런던에서 가장 큰 규모를 갖춘 인터내셔널 배송이 가능하며, 슈가크래프트 도구에 관한 모든 것이 있다.
  www.surbitonart.co.uk

- **선플라워 슈가아트** 슈가크래프트 도구뿐 아니라 자체 제작한 독특하고 유용한 여러 가지 몰드가 풍부하다. 정교한 레이스와 브로치 몰드가 특히 아름답다.
  www.sunflowersugarart.com

- **정우공업** 슈가크래프트 도구뿐 아니라 베이킹에 관련된 모든 것이 구비된 국내 재료상으로 오븐부터 소도구까지 모두 구매 가능하다.
  www.BakeryPark.co.kr

- **폰더리픽** 슈가 페이스트, 플라워 페이스트 재료상이다. 각종 향이 첨가된 다양한 맛의 반죽을 구매할 수 있다.
  www.fondarific.com

슈가크래프트의 시작, 기본 반죽 만들기

페이스트(Paste) 만들기

■ 플라워 페이스트(Flower paste)

재료

- 분당 500g • 검 트라가칸쓰 또는 CMC ½ 티스푼 • 가루 젤라틴 12g • 물 35g • 물엿 50g • 쇼트닝 아주 조금 • 달걀흰자 약 20g(온도와 습도에 따라 가감)

* CMC의 양은 고무분말의 강도에 따라 가감한다.

■ 슈가 페이스트(Sugar paste)

재료

- 분당 1kg • CMC 1티스푼 • 가루 젤라틴 24g • 물 70g • 물엿 160g • 쇼트닝 조금 • 달걀흰자 약 20g(온도와 습도에 따라 가감)

> **tip** 금방 완성된 반죽의 상태에서는 아직 젤라틴이 굳지 않아 흐를 정도의 진 상태이다. 완전히 젤라틴이 굳기 전에 미리 반죽이 질다고 판단해서 분당을 더 넣게 되면 지나치게 단단해지므로 주의해야 한다.

【 만드는 방법 】

1. 계량된 젤라틴과 물을 섞는다.
2. 보울에는 분당과 고무분말을 섞어 준비해둔다.
   > **tip** 보울이 너무 차가운 경우에는 젤라틴이 섞이기도 전에 굳어 버릴 수 있으므로 오븐이나 더운 물로 데워 물기를 제거한다.
3. 불린 젤라틴을 중탕하여 녹인다.
4. 젤라틴이 모두 녹으면 물엿과 쇼트닝을 넣어 함께 중탕한다.
5. 덩어리가 없이 모두 녹으면 분당과 고무분말을 섞은 보울에 넣어 함께 섞는다. 한 덩어리가 될 때까지 잘 섞은 반죽에 탄력이 생길 때까지 치대어 준다.
   > **tip** 반죽기를 사용할 경우 빵 반죽고리(갈고리)로 천천히 섞어서 뽀얗게 올라올 때 까지 섞는다.
6. 흰자를 함께 섞는다. 반죽의 되기를 확인하며 흰자의 양을 가감한다.
7. 밀폐용기에 완성된 반죽을 비닐팩에 공기가 안 들어가게 밀봉하여 넣은 후 냉장고에 보관한다. 젤라틴이 모두 굳을 때까지 하루 정도 숙성시킨 후 사용한다.
8. 반죽은 냉장시에는 1주일, 냉동시에는 1 달 정도 보관이 가능하다.

로얄 아이싱(Royal icing) 만들기

로얄 아이싱이란 분당과 달걀흰자를 섞어 공기층이 형성된 것으로 익히지 않은 머랭(Meringue)의 상태라고 볼 수 있다. 로얄 아이싱은 케이크 데코레이션의 다양한 용도로 사용되며 그 쓰임새와 종류가 다양하다.

로얄 아이싱에 사용되는 분당에는 크게 두 가지가 있다. 하나는 일반적으로 시중에서 유통되는 제품들로 안티 케이킹 에이전트(Anti-caking agent) 즉, 설탕의 덩어리 뭉침을 방지하기 위해 옥수수 전분이 포함되어 있다. 이것은 평소에 슈가 페이스트 제조 및 기타 로얄 아이싱을 제조하는 데 전혀 문제될 것이 없지만 익스텐션이나 라인 작업시 아주 가는 파이핑 튜브(깍지)를 사용할 때 종종 끊어지는 경우가 발생할 수 있다. 이런 불편함을 방지하고자 사용하는 또 다른 종류의 분당으로는 백 퍼센트 설탕만을 갈아서 만든 설탕, 스페셜리스트 슈가(Specialist sugar)라고 불리는 백 퍼센트 분당 제품을 사용하기도 한다.

> **tip** 난백의 종류에는 순수 난백과 난백 대체품이 있다. 난백 대체품은 순수 난백만큼 단단해지지는 않으므로 런 아웃용 아이싱에는 사용하지 않는다.

재료
달걀흰자, 분당, 난백(분말흰자)
- 5(분당): 1(달걀흰자)의 비율이 가장 일반적이다. • **난백 가루를 사용할 경우** 분당 500g, 차가운 물 80ml, 순수 난백 가루 15g
- **그 외 첨가물**
  레몬즙 흰자의 단백질과 반응하여 아이싱을 단단하게 한다.
  글리세린 로얄 아이싱으로 커버를 한 케이크의 표면이 부서지지 않고 부드럽게 커팅 하기 위해 로얄 아이싱 1kg 당 5~20ml 정도 사용한다. 절대로 런 아웃이나 가는 튜브를 사용하는 익스텐션에는 넣지 않는다.

【 만드는 방법 】

1. 모든 그릇과 도구는 기름기가 전혀 없는 상태로 닦아 건조시켜 사용한다. 소량의 기름이라도 나중에 로얄 아이싱이 끊어지는 가장 큰 원인이 된다.
2. 곱게 체에 거른 분당을 믹서기 보울에 넣는다.
3. 난백 가루을 사용하는 경우에는 미리 난백 가루와 물을 섞어두고 걸러 놓는다.
4. 분당과 흰자를 믹서기에 넣고 나뭇잎처럼 생긴 과자용 비터기를 끼운다

> **tip** 거품기는 사용하지 않는다.

5 스피드 1에서 5분간 믹싱한다. 골고루 섞이도록 중간 중간 섞는다.

6 필요에 따라 레몬즙 또는 글리세린을 섞는다.

7 완성된 로얄 아이싱은 플라스틱 밀폐용기에 넣어 시원하고 건조한 곳에 보관한다. 4일 정도 보관 가능하다. 금방 사용할 아이싱은 젖은 행주로 덮어 공기와 접촉되어 굳는 것을 방지한다.

【 로얄 아이싱 제조시 주의사항 】

- 작업 시 늘 튜브의 입구를 젖은 행주로 덮어 놓고 사용한다.
- 주변 도구나 튜브는 기름기가 전혀 없도록 닦아 사용한다.
- 사용하고 난 튜브는 계속 담가두면 녹이 생기기 때문에 미지근한 물에 잠시 담가 두었다가 깨끗이 닦아 낸다.
- 사용 중 튜브가 막히면 뜨거운 물에 입구를 녹여 사용한다. 절대로 입으로 빨거나 철사로 뚫지 않는다.
- 아이싱이 된 경우에는 흰자를 조금씩 넣어 가며 섞어주고, 진 경우에는 분당을 조금씩 더 섞어서 농도를 맞춘다.

> tip 로얄 아이싱은 사용할 때마다 보드에 조금씩 덜어 팔레트 나이프로 모든 공기층을 빼는 패들링 작업을 통해 남아있는 기포와 혹시 있을지 모르는 이물질들을 제거한 후에 사용해야 라인 작업시 남아있는 공기 방울로 인해 생기는 끊김 현상이나 이물질이 튜브에 걸려 생기는 막힘 현상을 방지할 수 있다.

알아두면 유용한
슈가크래프트 TIP

페이스트에 문제가 생기는 이유와 해결법

■ 끈적거리는 반죽

이유 ?
- 너무 많은 물엿이 첨가되었을 때
- 각 재료의 정확한 계량이 이뤄지지 않았을 때

해결법 !
- 쇼트닝을 조금 더 넣어 섞는다.
- 분당을 더 넣고 치대어 준다.

■ 단단하고 덩어리가 있는 반죽

이유 ?
- 반죽 레시피가 제대로 지켜지지 않았을 경우
- 반죽시 제대로 섞지 않았을 경우

해결법 !
- 분당 덩어리가 보일 때는 다시 고루 고루 잘 반죽한다.
- 반죽이 너무 될 땐 물이나 달걀흰자를 소량씩 섞어 가며 치댄다.
- 플라워 페이스트가 너무 단단해서 사용하기 힘들면 슈가 페이스트를 조금 섞는다.

■ 부스러지고 탄력 없는 반죽

이유?
- 지나치게 많은 쇼트닝이 첨가 되었을 때
- 반죽이 고루 섞이지 않았을 때
- 충분한 양의 검 트라가칸쓰나 CMC가 첨가되지 않았을 때

해결법!
- 고무분말이 부족한 경우에는 CMC나 검 트라가칸쓰를 넣어 다시 반죽한다.

■ 잔 부스러기가 있는 반죽

이유?
- 젖었다가 마른 분당을 사용한 경우
- 완성된 반죽을 제대로 밀봉하여 보관하지 않아 표면이 마른 경우

해결법!
- 표면만 굳은 경우 굳은 부분만 잘라내고 남은 반죽을 잘 치대어 사용한다.

■ 젤리 덩어리가 보이는 반죽

이유?
- 젤라틴을 충분히 불리지 않은 경우
- 젤라틴을 완전히 중탕해서 녹여 사용하지 않은 경우

해결법!
- 투명하게 잘 불려진 젤라틴이나 섞이지만 않은 경우에는 손으로 다시 섞어 치대어 준다.

■ 곰팡이가 생긴 반죽

이유?
- 냉장고에 보관하지 않거나 밀봉이 제대로 안 된 경우
- 만든지 오래된 반죽
- 달걀 흰자나 물이 지나치게 많이 들어간 경우
- 고무분말이 적게 들어간 경우

해결법!
- 분당을 더 넣고 잘 반죽한다.
- 고무분말을 첨가하여 반죽한다.

도구·재료 보관법과 기타 주의사항

■ 도구

- 보드는 사용 후 미지근한 비눗물로 닦아내고 건조시킨다.
- 본툴, 볼툴 등 기타 플라스틱 재질의 소도구들은 비눗물로 닦아 건조시킨다.
- 케이크들을 고정시키기 위한 가는 나무 기둥은 뾰족한 부분이 무뎌지지 않게 건조한 곳에 싸서 보관한다.
- 사용한 금속제 커터에 반죽이 굳어 달라붙었을 때에는 미지근한 물에 씻어 재빠르게 물기를 제거하고 빠른 시간 내에 완전히 건조시킨다. 커터는 사용할 때 마다 반죽이 붙어서 굳지 않도록 수시로 관리한다.
- 색소를 사용한 붓은 비눗물로 잘 헹궈서 완전히 건조시켜 사용한다.
- 가위, 핀셋 등은 늘 끈적임이 없는 청결한 상태를 유지한다.

■ 재료

- 달걀흰자는 공기에 접촉되지 않도록 잘 밀봉하여 냉장고에 보관하고, 냄새가 강한 음식과 함께 보관하지 않는다.
- 쇼트닝은 밀폐용기에 잘 넣어 냉장고에 보관하고, 냄새가 강한 식품은 멀리 둔다.

■ 기본 반죽

- 한번 쓸 양만큼 소분하고 공기를 모두 뺀 비닐팩에 밀봉한다.
- 1주일 안에 사용할 경우에는 냉장고에 보관하고, 냉동시킨 반죽은 1달 정도 보관 가능하다.
- 해동 시에는 실온에서 비닐팩에 밀봉된 상태 그대로 완전히 녹을 때까지 둔 후 다시 손으로 치대서 사용한다.

슈가 플라워 제작 · 보관시 주의사항

■ 제작시 주의사항

- 꽃이 만들어질 주변 환경이 완벽하게 청결하고 깨끗한 상태인지 확인한다.
- 반죽이 만들어질 그릇에 기름기 얼룩이나 먼지가 없는지 확인한다.
- 비누로 손을 깨끗하게 씻은 후 물기가 전혀 없는 상태를 유지한다. 손에 기름기가 남아있는 경우 반죽의 성질에도 영향을 줄 수 있으므로 주의한다.
- 반죽은 쉽게 건조해지기 때문에 매번 사용할 때마다 비닐팩 안에 잘 밀봉해두고 사용한다. 장시간 사용하지 않을 경우 반드시 냉장고에 보관한다.
- 더스팅 컬러(가루 색소)나 페이스트 컬러(반죽 색소)를 만지고 난 후에는 반드시 손을 깨끗이 한 뒤 반죽을 만진다.

■ 보관시 주의사항

- 금방 만든 슈가 플라워는 스티로폼에 꽂아 자연 건조가 될 때까지 말린다.
- 습기와 축축한 상태를 피해서 따뜻하고 건조한 상태가 최적이다.
- 설탕은 수분을 흡수하는 성질이 있기 때문에 장마철에는 특히 주의해야 한다.
- 모두 건조된 후에 더스팅이 끝난 완성품은 시원하고 건조한 장소에 직사광선을 피해 보관한다.
- 완성된 슈가 플라워 작품은 유리나 아크릴 케이스에 보관한다.
- 뚜껑 끝부분에 고무마감이 된 케이스 사용시 밀봉이 되어 습기로부터 안전하다. 양철이나 금속제로 된 상자는 꽃이 습기를 먹거나 변형될 수 있으므로 피한다.
- 장마철에는 장식장에 실리카겔 또는 기타 방습제와 함께 보관하면 좋다.

Part 2

슈가 데코레이팅

Level 1
데코레이팅 기본(Decorating basics)

커버링(Coating with sugarpaste)

케이크에 할 경우에는 잼을 얇게 발라 준비하고, 연습용 모형 케이크인 '더미(Dummy)'를 사용할 경우에는 가장 자리를 미리 사포로 정리한 후 물을 발라 준비한다.

1. 실리콘 작업대 위에 분당을 살짝 뿌리고, 분량의 페이스트가 말랑해지도록 치댄 후 둥그스름하게 뭉친다. [사진 1]

2. 윗면을 눌러 평평하게 만들고, 밀대로 안에서 바깥으로 밀어 펴준다. [사진 2]
   - tip 중간 중간 바닥에 달라붙지 않도록 반죽을 이동시키며 작업한다.

3. 원하는 크기만큼 펴졌으면 밀대에 감아 올려 케이크 표면에 얹는다. [사진 3]

4. 손으로 표면이 잘 붙도록 문지른다. [사진 4]

5. 스무더를 이용해 다듬고, 정리하여 더 매끈해지도록 한다. [사진 5]

6. 남아있는 가장자리 반죽은 스크레이퍼를 이용하여 정리한다. [사진 6~8]
   - tip 스크레이퍼 – 바닥에 붙은 반죽은 긁어내는 데 사용하며, 반죽을 자를 때도 쓰임

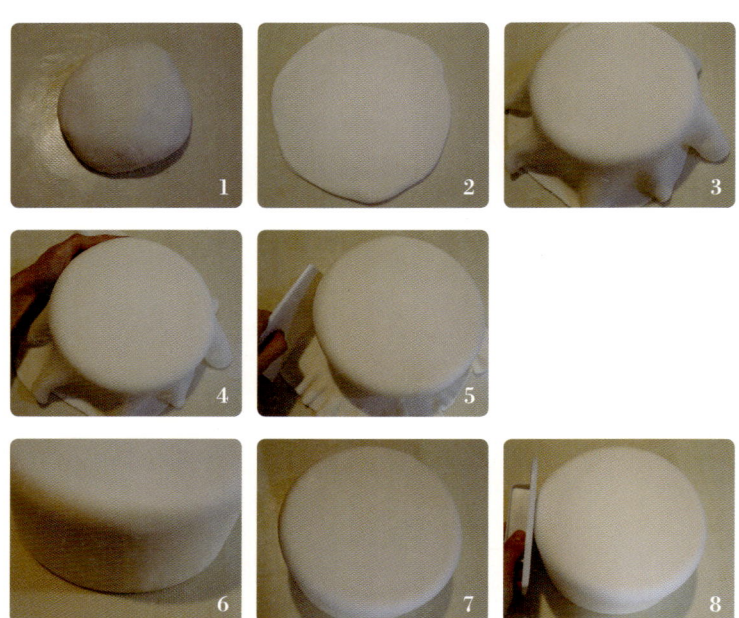

7 또 다른 보드에 반죽을 덮고 여분은 잘라낸다. [사진 9, 10]

8 보드 가장자리에 리본을 둘러 마무리 한다. [사진 11]

9 커버링한 본체에 로얄 아이싱이나 슈가글루로 고정시킨다. [사진 12]

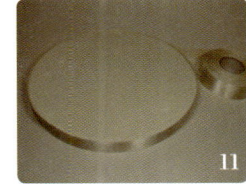

tip 컵케이크 커버링하기

❶ 반죽을 도톰하게 민다. [사진 1]

❷ 컵케이크 윗면보다 조금 큰 커터를 사용하여 찍어낸다. [사진 2]

❸ 물을 살짝 발라 컵케이크 표면에 붙인다. [사진 3, 4]

Level 1 데코레이팅 기본

몰드 사용하기(Sugarpaste moulding)

초보자가 큰 기술 없이도 완성도 높은 케이크를 만들고자 할 때 몰드 사용의 결과는 매우 드라마틱하다. 시중에 레이스, 꽃잎, 카메오 등 정교하고 아름다운 몰드가 많이 나와 있으므로 적절히 사용하면 짧은 시간 내에 효과적으로 완성품을 만들 수 있다.

1. 실리콘 몰드 표면에 쇼트닝을 아주 살짝 바른다. [사진 1]
2. 옥수수 전분을 살짝 바른 페이스트를 몰드 위에 얹고 손으로 꼭꼭 눌러 준다. [사진 2]
3. 여분의 페이스트를 팔레트 나이프를 이용하여 정리한 후 조심스럽게 떼어 낸다. [사진 3, 4]
4. 물을 발라 필요한 곳에 장식한다. [사진 5~7]

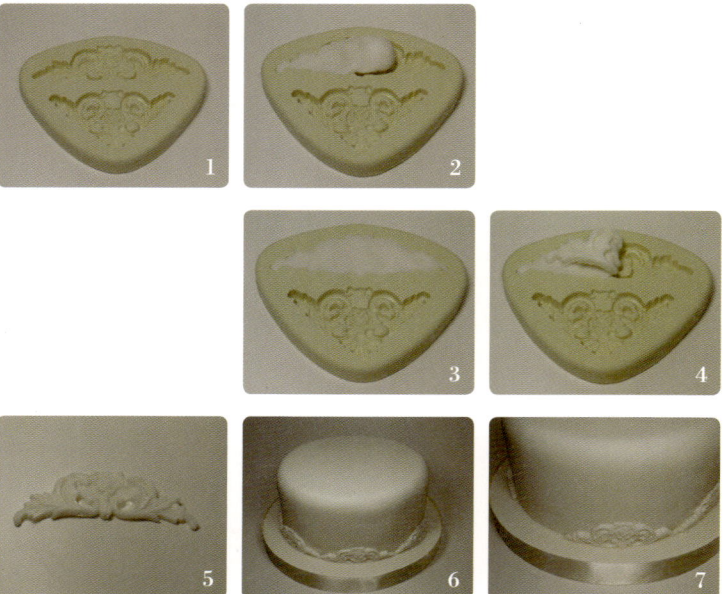

드레이프 장식(Draping)

마치 천 자락이 흘러내린 듯 우아한 느낌을 주는 드레이프 장식은 별 다른 장식 없이 하나만으로도 존재감이 매우 크다. 장미나 백합처럼 고전적인 느낌의 꽃들과 함께 사용하면 우아함이 극대화된다.

1. 반죽을 너무 얇게 밀면 찢어질 우려가 있으므로 너무 얇지 않게 넓게 밀어 편다. [사진 1, 2]

2 원하는 크기만큼 밀어졌으면 케이크 표면 위에 올린다. [사진 3]

3 케이크 표면에 로얄 아이싱이나 슈가글루를 발라 윗면을 고정시킨다. [사진 4]

> tip 슈가글루 - 슈가 페이스트에 물을 섞어 만든 질은 농도의 풀

4 위쪽부터 자연스럽게 주름을 잡는다. [사진 5]

5 아래쪽에 남은 반죽은 보기 좋게 정리한다. [사진 6]

로프 장식(Rope decoration)

기다란 선을 꼬아서 케이크와 보드 사이의 연결면을 가리거나 보기 흉한 모서리를 감싸기도 한다. 각종 모델링에 다양하게 사용되며, 인형의 헤어 스타일 등에 응용하면 좋다. 두 가닥으로 꽈배기 모양을 내기도 하고, 세 가닥으로 땋은 듯한 모양을 낼 수도 있다.

1 반죽을 원하는 색상으로 물들이고, 한쪽 끝은 손으로 잡고 스무더를 이용하여 표면이 고르도록 해서 긴 띠를 2개 만든다. [사진 1]

2 양쪽 끝을 잡고 각각 반대 방향으로 꽈배기처럼 꼬아서 모양을 낸다. [사진 2, 3]

3 양쪽 끝에 물을 발라 고정시킨다. [사진 4, 5]

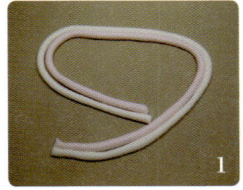

크림퍼 장식(Crimper work)

집게처럼 생긴 크림퍼는 케이크 데코레이션을 위해 쉽게 응용하기 좋은 쓸모가 많은 도구이다. 크림퍼의 모양에 따라 케이크 표면, 가장자리, 보드 장식 등 필요한 곳에 문양을 넣고, 그 위에 색칠을 하거나 로얄 아이싱을 파이핑하여 장식할 수도 있다. 굳지 않은 말랑말랑한 상태에서 작업해야 표면이 부서지지 않는 것에 유의해야 한다.

1. 표면이 굳기 전 핀으로 원하는 위치를 표시한다. 반죽이 붙지 않도록 크림퍼 표면에 쇼트닝을 살짝 바른다. [사진 1]
2. 집게로 집듯 반죽 표면에 모양을 내고, 조심스럽게 떼어낸다. [사진 2]
3. 원하는 디자인으로 장식을 한다. [사진 3]

엠보싱 장식(Embossing)

어릴 적 도장놀이를 하듯 임보서(Embosser)를 꼭꼭 찍어서 무늬를 내면 순식간에 귀여운 하트와 꽃무늬가 만들어진다. 심심한 케이보드(케이크 받침)를 장식하거나, 로얄 아이싱 파이핑을 병행하여 케이크 옆면 장식에 많이 이용된다.

1. 반죽 표면에는 전분을 살짝 바르고, 사용할 임보서 표면에 쇼트닝을 살짝 발라 달라붙지 않도록 하고, 원하는 위치에 올려놓는다. [사진 1, 2]
2. 골고루 힘을 주어 눌러 모양을 낸다. [사진 3, 4]
3. 모양이 찍힌 위를 색소로 장식한다. [사진 5, 6]

프릴 장식(Frills)

자글자글한 러플 모양의 프릴 장식은 매우 간단한 방법으로 화려하고 풍성한 느낌을 살리기에 제격이다. 케이크 옆면 장식, 인형의 치맛단 장식 등에 두루두루 사용된다. 한 겹 또는 여러 겹을 겹쳐 사용할 수도 있고, 색상을 넣고 그라데이션을 주어 다양한 느낌을 연출할 수 있다.

1. 반죽을 얇게 편 후, 개럿 프릴 커터로 잘라내고, 반죽이 달라붙지 않도록 앞뒤로 옥수수 전분을 살짝 바른다. [사진 1, 2]
2. 실크 베이닝 툴이나 이쑤시개로 누르듯 굴려가며 프릴을 만든다. [사진 3, 4]
3. 필요한 길이로 잘라내고, 붙이고자 하는 곳에 물을 살짝 발라 붙인다. [사진 5~8]
4. 가장자리는 플런저(꽃주사기)를 이용하여 장식을 한다. [사진 9~11]

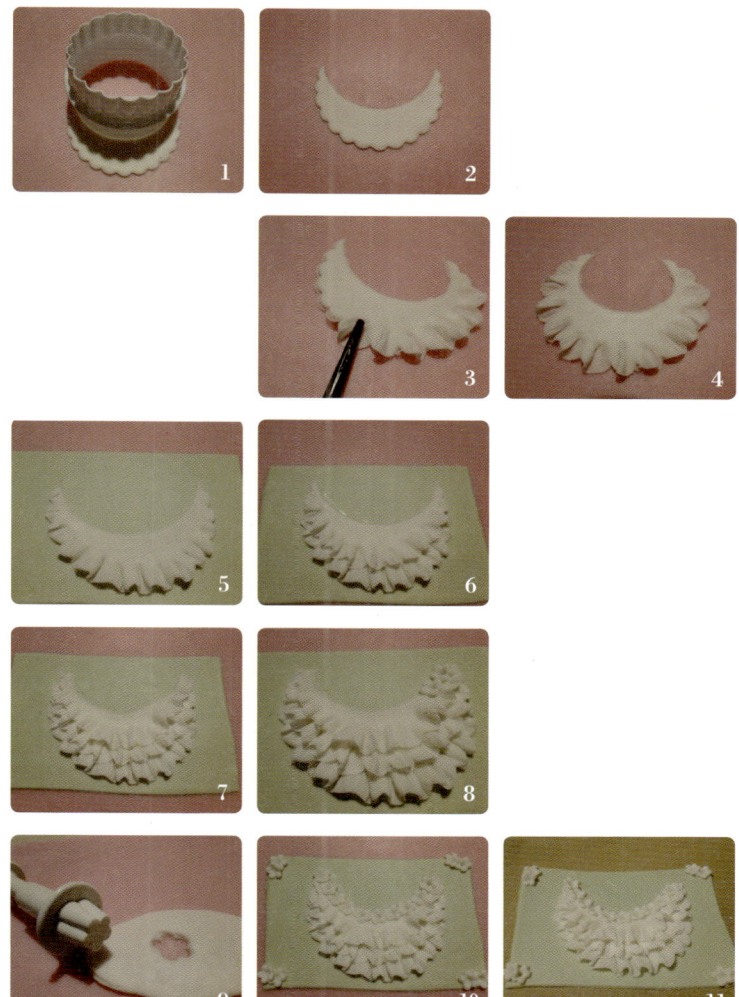

Level 1 데코레이팅 기본

스텐실(Stenciling)

스텐실 도구를 사용하여 쓰윽 하고 입혀내면, 솜씨 없는 초보자도 근사한 그림을 케이크에 그려낼 수 있다. 화려한 문양의 스텐실을 사용하면 그 자체만으로도 충분한 장식이 된다.

1. 원하는 위치에 스텐실 판을 올려놓는다. [사진 1, 2/5, 6]

2. 붓을 사용하여 가루색소를 스텐실 판 위에 바른다. [사진 3, 7]

3. 스텐실 판을 떼어낸다. [사진 4, 8]

   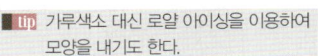 가루색소 대신 로얄 아이싱을 이용하여 모양을 내기도 한다.

로즈 페인팅(Painting roses on sugarpaste)

많은 여성들의 사랑을 받고 있는 캐*키드슨 스타일의 꽃무늬는 식용색소를 이용하면 쉽게 만들 수 있다. 아이싱 쿠키나 컵케이크 어디에든 응용 가능하다.

1. 런 아웃 또는 페이스트로 커버링 된 표면 위에 연한 분홍색 색소를 알코올에 섞어 원 모양으로 칠한다. 진한 분홍색으로 음영을 주고, 흰색으로 하이라이트를 덧칠한다. [사진 1, 2]
2. 연한 연두색으로 주변에 잎사귀를 우선 대강의 모양만 나오도록 그린다. [사진 3]
3. 진한 초록색으로 잎사귀에 음영을 준다. [사진 4]

tip 로즈 페인팅

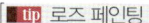

- case 1

- case 2

- case 3

리본 장식(Ribbons)

언제 어디서나 사랑받는 리본 장식은 의외로 만들기가 굉장히 쉬우면서도 활용도가 높은 알찬 기법이다. 큰 리본 하나로 액센트를 주기도 하고, 작은 리본 여러 개로 사랑스러운 디자인을 연출하기도 한다.

1. 페이스트를 넓게 밀어, 기다란 띠 모양으로 자른다. [사진 1]
2. 가운데를 한 번 집어서 주름을 만든다. [사진 2]
3. 리본이 주저앉지 않도록 양쪽에 키친타월이나 티슈를 말아 놓는다. 가운데에 물을 살짝 바르고 양쪽 끝이 가운데 주름 모양에 맞도록 붙인다. [사진 3, 4]
4. 가운데를 감쌀 작은 조각에 양쪽 끝과 가운데에 살짝 주름을 잡는다. [사진 5, 6]
5. 물을 조금 발라 가운데를 감싼다. [사진 7~9]
6. 나머지 두 개의 꼬리는 끝 부분에 가위집을 넣어 모양을 낸 후 가운데 주름을 넣고 붙인다. [사진 10~12]

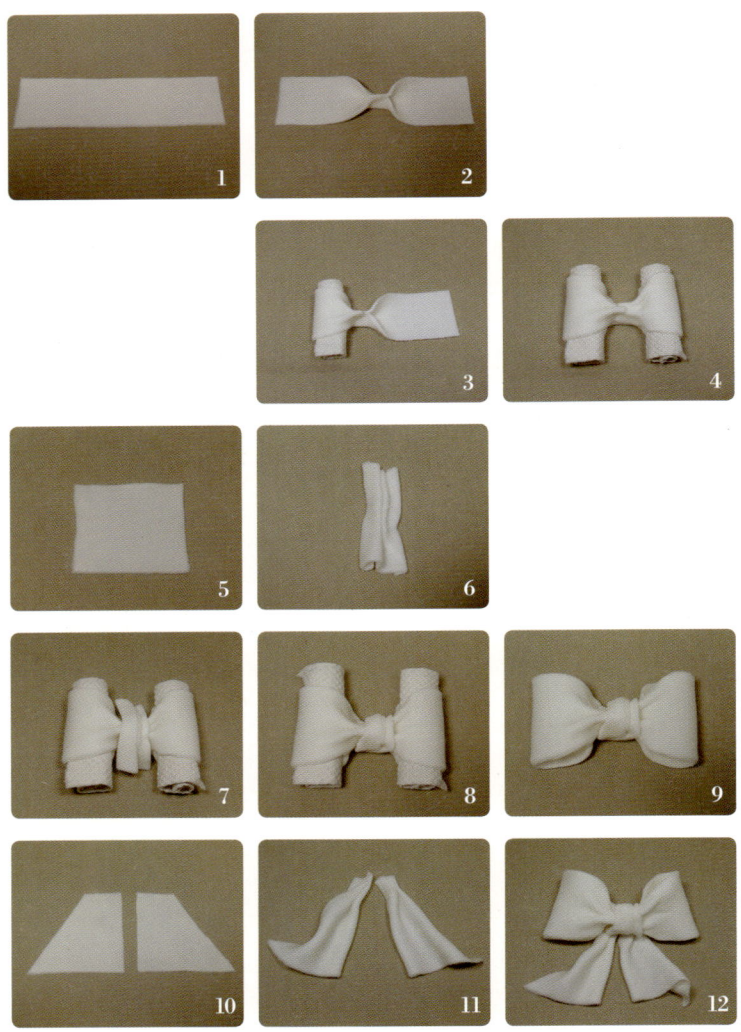

7 그 위에 슈가글루를 이용하여 리본 몸체를 얹는다. [사진 13~16]

tip 슈가글루 만들기

약간의 반죽에 물을 아주 조금씩 넣어 완전히 섞이도록 한다. 끈적 끈적한 상태가 되도록 물을 조금씩 더 섞는다.
보통 단단하게 고정시킬 때 물 대신 슈가글루를 이용한다.

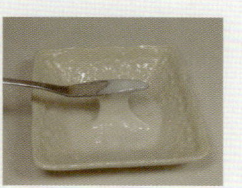

리본 플라워 장식(Ribbon flowers)

완전 초보도 도구 없이 쉽게 만들 수 있는 리본 플라워. 크고 작은 리본 플라워를 섞어 아기자기하고 사랑스러운 케이크를 만들 수 있다.

리본 플라워 만들기

1. 원하는 색상으로 반죽을 물들여서 길고 얇게 민다. 반으로 접은 후 살짝 붙인다. [사진 1]
2. 끝 부분부터 돌돌 말아준다. 나중에는 조금씩 주름을 잡아 풍성하게 말고, 물로 붙인다. [사진 2~6]

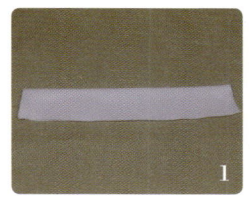  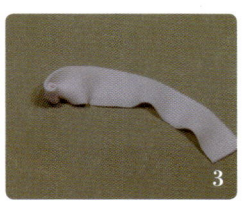

3 가위로 밑둥을 잘라낸 후 건조시킨 후, 슈가글루나 로얄 아이싱을 사용하여 원하는 곳에 붙인다. [사진 7, 8]

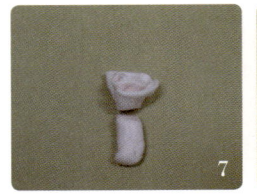

tip 리본 플라워 장식

• case 1

• case 2

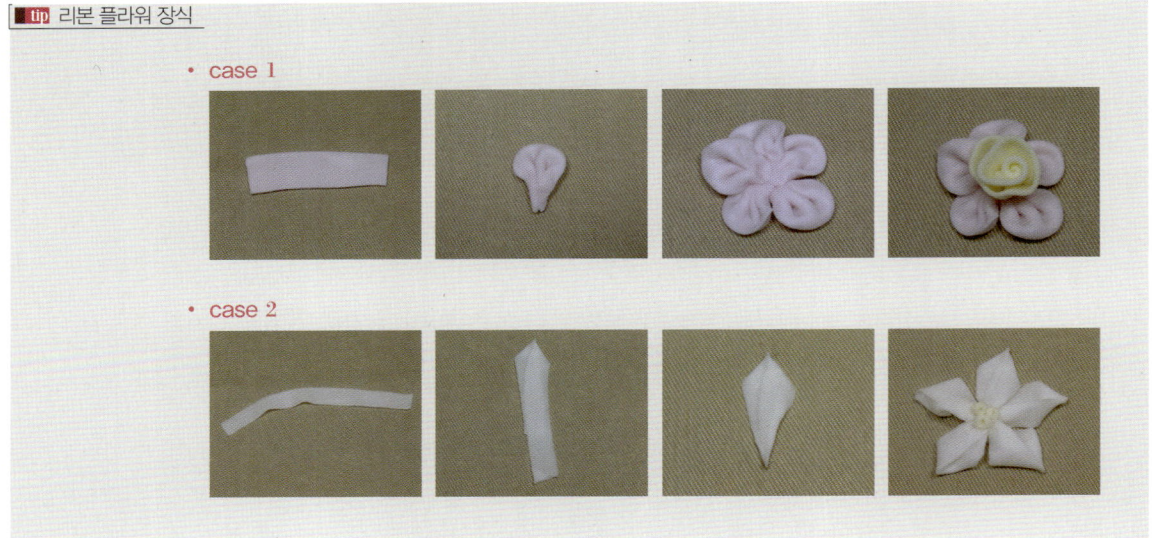

리본 잎사귀 만들기

1 직사각형의 띠를 만들고, 양쪽 끝을 잡아 가운데가 뾰족해지도록 접는다. [사진 1, 2]

2 가운데를 눌러 붙이고, 지저분한 여분을 잘라낸다. [사진 3, 4]

리본 플라워 장식하기

1 케이크나 과자 위에 원하는 위치를 잡아 슈가글루를 올리고 큰 사이즈의 꽃부터 붙인다. 작은 꽃과 잎사귀도 옆에 붙여 장식한다. [사진 1~6]

Level 1 데코레이팅 기본

사랑스러운 리본과 러플, 간단한 로즈 페인팅.
여기에 화이트 로즈까지 더해진 특별한 케이크가 당신의 의미 있는 날을 더욱 행복하게 만든다.

Level 2
모델링(Modeling)

귀염둥이 테디베어(Teddy bear)

특별한 도구 없이도 아이와 함께 조물락 조물락 만들기도 쉬워 더 인기 있는 테디베어는 어린이를 위한 생일 케이크에 활용하기에 매우 좋은 아이템이다.

테디베어 만들기

1. 하늘색 반죽으로 물방울 형태의 몸통과 원형의 머리를 만든다. [사진 1]
2. 몸통 가운데 이쑤시개를 꽂는다. [사진 2]

   > **tip** 아이들이 먹는 케이크일 경우 자칫하면 이쑤시개가 입에 들어갈 수 있으므로 이쑤시개 대신 파스타를 꽂는다.

3. 그 위에 머리를 꽂는다. [사진 3]
4. 흰색 반죽으로 약간 통통하게 입 주변을 붙인다. [사진 4]

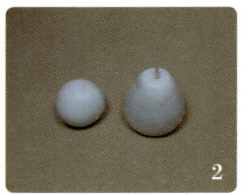

5 베이닝 툴 뒷면으로 오목하게 입매를 찍는다. [사진 5]

6 아주 진한 검정색으로 코와 눈을 붙인다. [사진 6]

7 귀를 납작하게 눌러 붙인다. [사진 7]

8 반죽을 물방울 형태로 만들어 다리를 붙인다. [사진 8, 9]

9 흰색 반죽으로 배와 발바닥을 붙인다. [사진 10]

10 약간 작은 사이즈로 팔을 붙인 후, 흰색 반죽으로 손바닥을 붙인다. [사진 11, 12]

11 리본, 액세서리 등을 만들어 함께 장식한다. [사진 13~19]

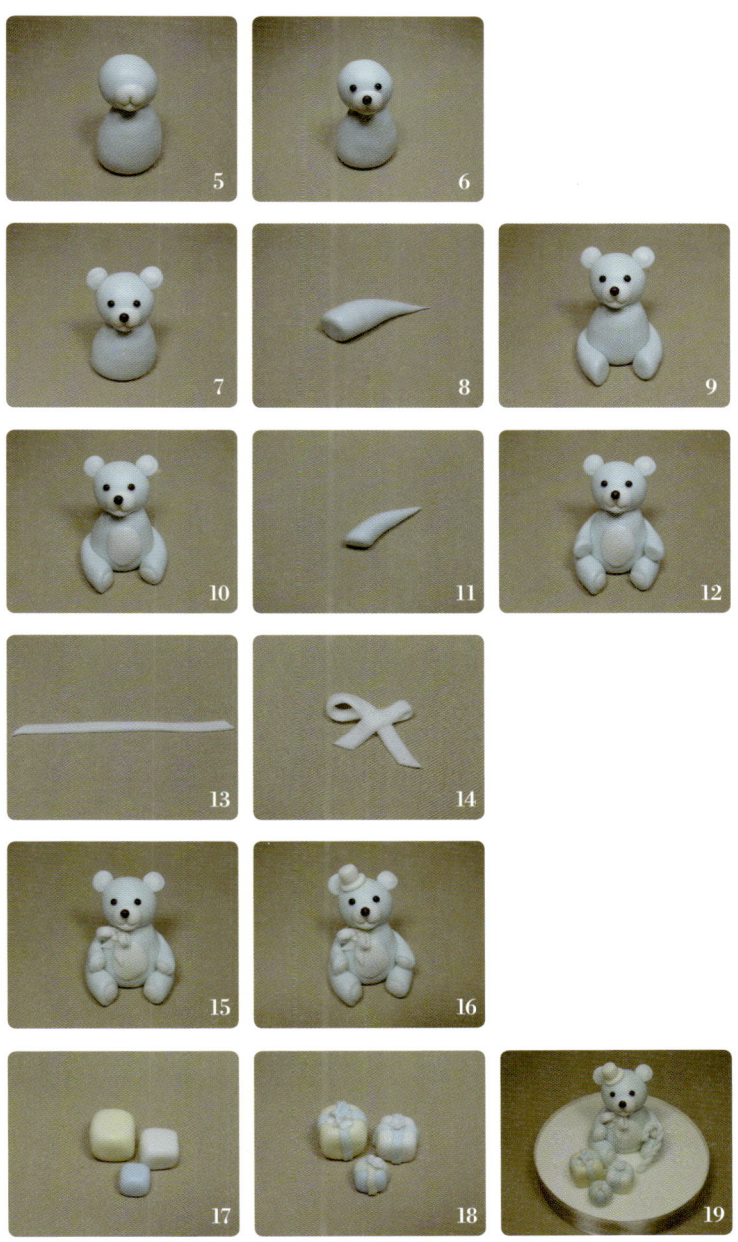

Level 2 모델링

잠자는 아기 케이크(Sleeping baby cake)

소중한 내 아이의 특별한 날을 축하하기 위한 케이크나 출산을 앞둔 친구에게 선물할 베이비 샤워 케이크로 직접 만들어 선물하기 좋다. 초보들도 몰드를 이용해서 쉽게 만들 수 있는 간단하지만 예쁜 아기 케이크이다.

잠자는 아기 만들기

1 몰드를 사용하여 아기 몸통을 찍어낸다. [사진 1]

2 굳기 전 반쪽의 몸통 각 면에 물을 발라 붙인다. [사진 2]

3 작은 삼각형으로 오려 만든 아기 기저귀를 물을 발라 붙인다. [사진 3, 4]

5 개럿 프릴 커터를 사용하여 모양을 찍는다. 베이닝 툴을 굴려가며 밀어펴서 프릴을 만든다. [사진 5]

6 아랫단부터 붙이기 시작하여 위로 겹쳐가며 3겹의 치마를 만든다. 플런저를 이용하여 장식한다. [사진 6~8]

7 나비 패턴을 찍어 반으로 접은 종이 위에 건조시킨다. [사진 9, 10]

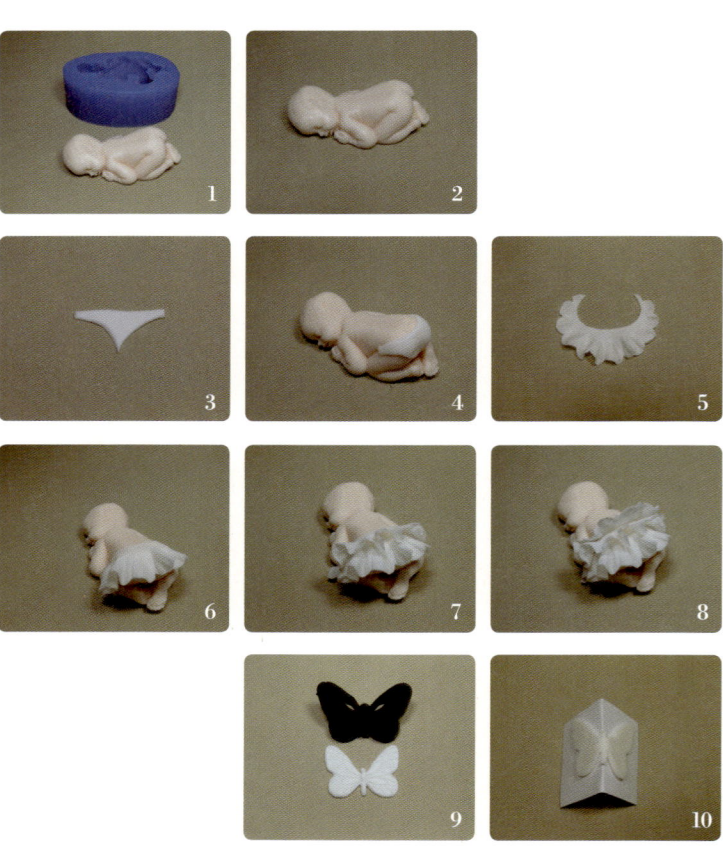

8 물을 발라 보닛을 붙인다. 보닛 주변을 장식한다. [사진 11~13]

9 슈가글루를 이용하여 건조된 나비를 등에 붙인다. [사진 14]

케이크 꽃잎 장식하기

1 장미 꽃잎 커터를 사용하여 꽃잎을 찍어내고, 손으로 가장자리를 만져서 가운데는 오목하고 바깥은 뒤로 젖혀진 장미 꽃잎을 만든다. 만든 꽃잎은 건조시킨다. [사진 1]

2 케이크 몸체에 커버링을 하고, 슈가글루를 이용하여 케이크 윗면과 옆면을 꽃잎으로 장식한다. [사진 2~6]

3 아라잔(설탕구슬볼)이 있으면 함께 장식하고, 케이크 윗면에 만들어 놓은 아기모델링을 슈가글루로 고정시킨다. [사진 7]

Level 2 모델링

슈가 장갑(Sugar gloves)

여성을 위한 특별한 선물이 필요할 때 평소에 끼기 힘들지만 정교하게 만들어진 장갑으로 장식된 기념일 케이크는 그날을 보다 더 로맨틱하게 빛내줄 수 있다.

장갑 만들기

1. 분홍색 반죽을 손 모양대로 도톰하게 오린다. [사진 1]
2. 톱니 모양 도구를 사용해서 박음질 선을 찍는다. [사진 2, 3]
3. 얇게 흰색 반죽을 밀어 직사각형으로 자른다. 그 위에 얇게 민 분홍색 반죽을 겹쳐 얹고 주름을 잡는다. [사진 4, 5]
4. 손목 부분에 고정시킨다. [사진 6]
5. 보기 흉한 부분은 띠 모양을 만들어 붙인다. [사진 7]
6. 레이스 몰드를 사용해서 각종 레이스 모양을 만든다. [사진 8, 9]
7. 미니 장미와 잎사귀로 장식한다. [사진 10, 11]

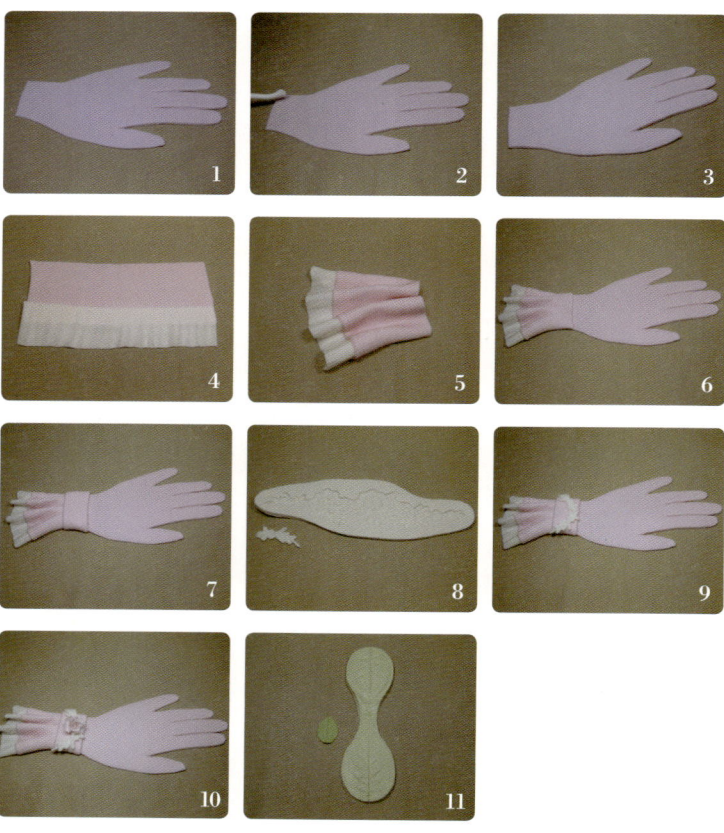

8 작은 구슬을 만들어 슈가글루로 붙인다. [사진 12~15]

9 다양한 장식으로 완성시킨다. [사진 16]

tip 미니 장미 만들기

❶ 아주 작은 물방울을 만들어 고리를 건 27호 와이어에 끼운다. [사진 1, 2]

❷ 꽃잎 1장을 얇게 밀어 찍어서 물을 발라 감아 말아준다. [사진 3~6]

❸ 꽃잎 2장을 찍어서 서로 마주 보도록 붙인다. [사진 7]

❹ 꽃잎 3장을 찍어 삼각형 모양이 되도록 붙인다. [사진 8]

❺ 꽃잎 5장을 찍어서 아랫단에 빙 둘러 가며 붙인다. [사진 9~11]

❻ 건조되면 여분의 철사는 잘라내고 장미색, 초록색 등으로 더스팅한다. [사진 12]

Level 2 모델링

슈가 슈즈(Sugar shoes)

실제로는 신을 수 없지만 상상 속에만 존재하던 플라워 슈즈를 만들어 기분까지 꽃처럼 화사해져 보자.

플라워 슈즈 만들기

1. 도톰하게 민 반죽을 신발 바닥 형태로 오린다. [사진 1]
2. 주저앉지 않도록 은박 도시락이나 마분지를 받쳐서 건조시킨다. [사진 2]
3. 반죽을 긴 막대형으로 만들어 하이힐 뒷굽을 만든 후 각도에 맞춰 자른다. [사진 3, 4]
4. 건조시킨 신발 뒷굽과 바닥을 슈가글루를 발라 붙여 단단히 굳힌다. [사진 5, 6]

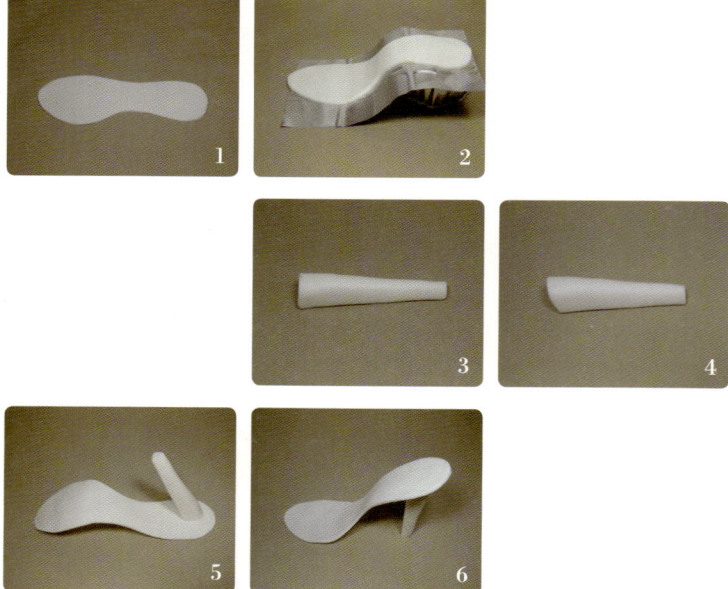

5 발등을 만들어 붙이고 종이 타월을 넣어 건조시킨다. [사진 7~9]

6 장미 꽃잎 커터로 모양을 찍고, 손으로 모양을 잡아 뒷축에 붙인다. [사진 10~14]

7 잎사귀를 커터로 찍어내고, 베이너에 찍는다. 여러 개 만들어 발등을 장식한다. [사진 15~17]

8 미니 장미를 여러 개 만들어 잎사귀와 어울리게 장식한다. [사진 18, 19]

9 얇게 반죽을 밀어 이쑤시개에 말아 덩굴을 만든다. [사진 20, 21]

10 슈가글루를 이용해서 덩굴, 미니 장미와 잎사귀로 장식하고, 꽃잎과 잎사귀에 더스팅한다. [사진 22]

> **tip 미니 장미 만들기** – 슈가 장갑 장식으로 이용한 미니 장미 만드는 방법과 같다. (47페이지 참고)

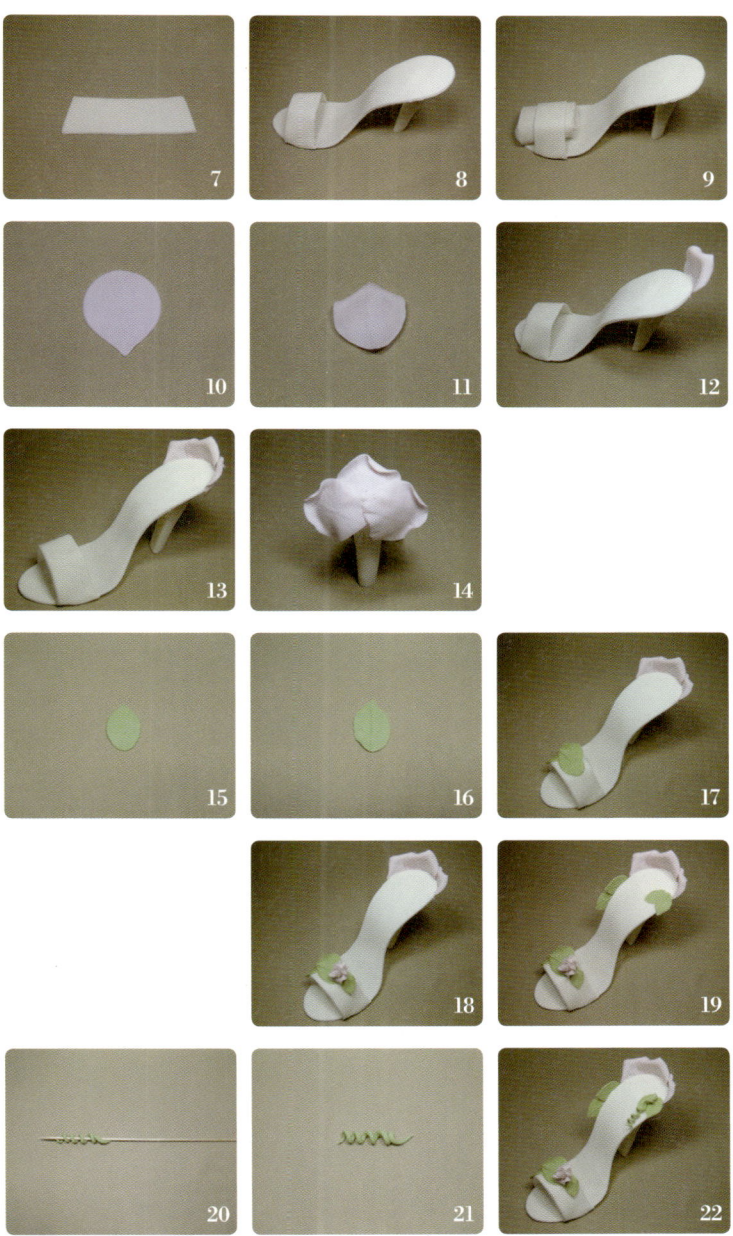

Level 2 모델링

꿈꾸는 발레리나(ballerina)

모델링의 기본인 몰드를 사용하는 기초적인 방법으로, 어릴 적 한 번쯤은 꿈꿔보았던 발레리나를 만들 수 있다.

발레리나 인형 만들기

1. 연한 살색으로 몸통을 찍어 굳기 전에 서로 붙인다. 머리부터 몸통까지 이쑤시개로 고정시킨 채 굳을 때까지 잠시 둔다. [사진 1, 2]
2. 가는 붓으로 눈, 코, 입을 그린다. [사진 3, 4]
3. 진한 갈색으로 머리카락을 꼬아서 붙인다. [사진 5~9]
4. 흰색 반죽으로 직사각형을 재단하고 가운데를 약간 오목하게 오려낸 후 상의를 붙인다. [사진 10, 11]

5 흰색 반죽으로 머리 장식을 한다. [사진 12, 13]

6 커버링한 보드 위에 엉덩이 부분을 만들어 붙인 뒤, 그 위에 이쑤시개를 꽂고 슈가글루로 몸통을 고정시킨다. [사진 14, 15]

7 다리를 만들어 건조시킨 후 붙인다. [사진 16~20]

8 발등 윗면과 아래에 흰색 반죽을 붙여 슈즈를 만들고, 가는 띠를 오려서 종아리에 감는다. [사진 21]

9 치마 아랫단부터 차례차례 프릴을 만들어 붙인다. [사진 22, 23]

10 겹겹이 붙이면서 이음새들을 장식하여 가린다. [사진 24, 25]

11 플런저를 이용하여 꽃장식을 한다. [사진 26]

12 살색 반죽으로 팔 모양을 길게 만들고, 가위로 손가락 모양을 낸 후 어깨에 붙인다. [사진 27, 28]

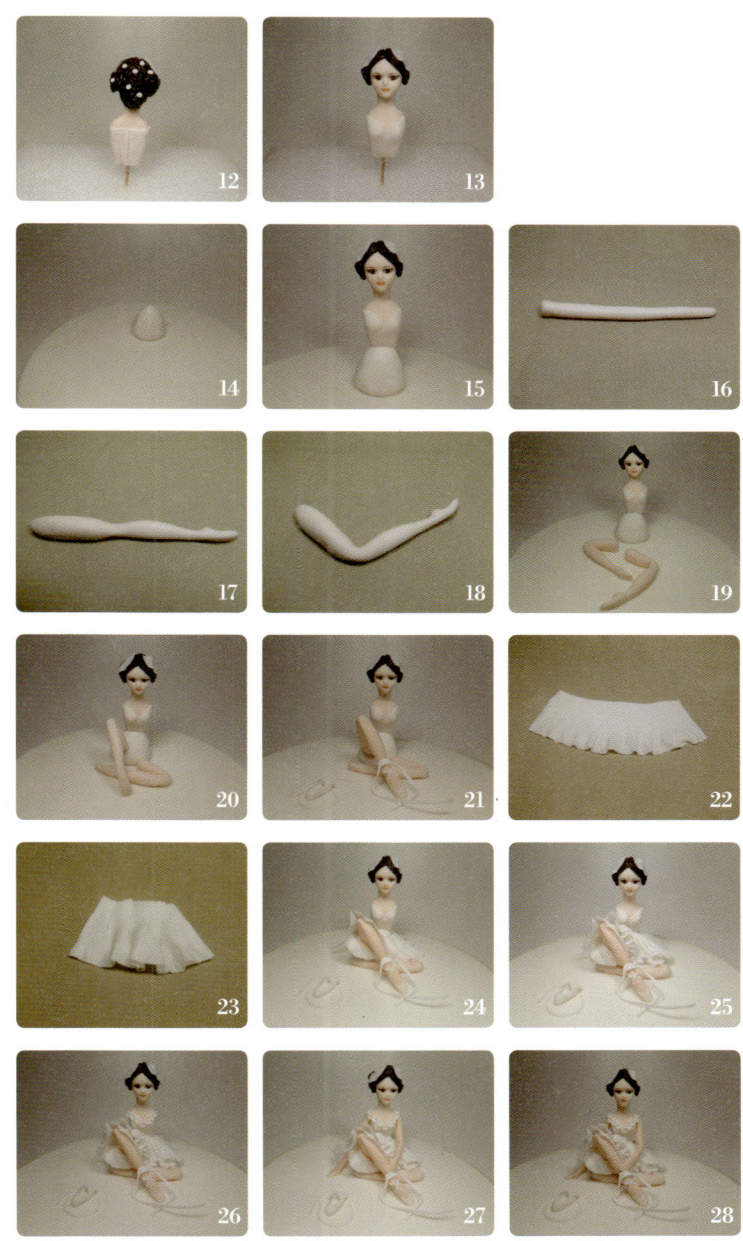

Level 2 모델링

특별하고, 화려한 느낌도 좋지만
파스텔 톤의 고운 빛을 내는 은은한 멋도 슈가크래프트의 큰 매력 중 하나이다.

Level 3
로얄 아이싱 워크(Royal icing work)

로얄 아이싱 플라워(Piped flowers)

여러 가지 모양의 깍지를 사용하여 다양한 장식을 한다. 다양한 색상과 모양으로 케이크뿐 아니라 각설탕 및 마카롱 장식으로도 응용할 수 있다.

미니 장미 만들기

1. 원하는 색상의 로얄 아이싱을 원형 깍지 하나, 소형 장미 깍지 하나씩 준비하고, 3호 원형 깍지를 이용하여 작은 기둥을 만든다. [사진 1]
2. 기둥을 돌아가며 꽃잎을 겹쳐 짠다. [사진 2~4]

> **tip** 잎사귀도 주변에 만들어 미니 장미 모양을 자연스럽게 만든다.

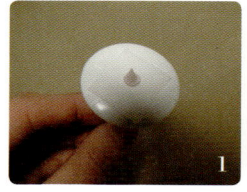 
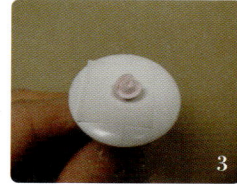 

미니 플라워 만들기

1. 미니 장미 깍지로 꽃잎을 한 장 파이핑한다. [사진 1]
2. 그 옆에 차례차례 한 잎씩 겹쳐 파이핑한다. [사진 2]
3. 가운데를 작은 점으로 장식한다. [사진 3]

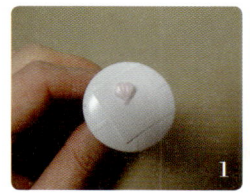
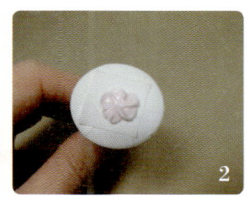

브러시 임브로이더리(Brush embroidery)

로얄 아이싱으로 그림을 그리고 붓으로 펼쳐 마치 자수를 놓은 모습처럼 보여 브러시 임브로이더리(Brush Embroidery)라고 한다.
색상을 넣어 톤 온 톤으로 음영을 주기도 하고, 진한 색상의 케이크 표면에 흰색의 로얄 아이싱을 사용하여 색다른 느낌을 표현하기도 한다.

1. 패치워크 커터를 이용하여 반죽 표면에 모양을 찍는다. [사진 1]
2. 찍힌 모양을 따라 로얄 아이싱을 약간 지그재그로 파이핑한다. [사진 2]
3. 젖은 브러시를 약간 세워서 로얄 아이싱을 끌어당기듯 안쪽으로 펴준다. [사진 3]
4. 전체를 한 번에 다하면 아이싱이 마르므로 한 부분씩 조금씩 파이핑하고, 브러시로 편 후에 옆면을 이어가는 식으로 한다. [사진 4~6]
5. 안쪽 장식도 같은 방법으로 진행한다. [사진 7]
6. 진한 색으로 음영을 준다. [사진 8]

아일렛 임브로이더리(Eyelet embroidery)

작은 구멍 주변을 따라 로얄 아이싱을 파이핑하여 사랑스러운 느낌을 주는 아일렛 임브로이더리는 아기자기하고 귀여운 느낌을 내기에 좋다.

1. 원하는 패턴을 이쑤시개로 점을 찍어 표시한다. [사진 1~3]

   > **tip** 원형 부분은 가는 셀스틱을 사용하여 정면으로 찔러 모양을 내고, 길쭉한 꽃잎이나 잎사귀 모양의 타원형은 스틱을 살짝 옆으로 눕혀 찍으면 된다.

2. 구멍을 따라 로얄 아이싱을 파이핑하고, 그 주변을 장식한다. [사진 4, 5]

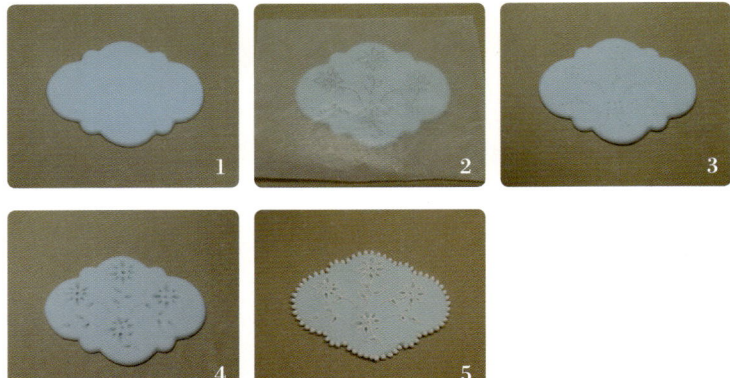

레이스 워크(Lace work)

여러 가지 문양을 따라 로얄 아이싱을 파이핑하고 굳으면 떼어내어 필요한 곳에 붙여 장식을 한다. 익스텐션 워크를 한 위나 프릴 장식을 붙인 후 보기 흉한 단면을 가려 줄 때 덧붙여 사용하기도 한다.

1. 기름 종이에 레이스 패턴을 따라 그린다. [사진 1]
2. 아크릴 판 위에 그림을 고정시키고, 그 위에 OHP 필름을 올린 후, 쇼트닝을 살짝 바른 필름 위에 레이스를 짠다. [사진 2]
3. 완전히 굳은 후 떼어내어 원하는 곳에 장식한다. [사진 3, 4]

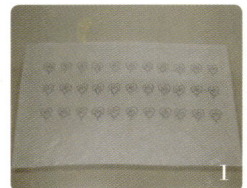

익스텐션 워크(Extention work)

로얄 아이싱을 좁은 간격으로 세로로 일정하게 파이핑하여 케이크 옆 면을 장식하는 기법으로 작업하기 전에 미리 계산된 간격과 높이를 정해 표시한 후 작업한다. 얼핏 보면 초보자는 엄두도 못 낼 것 같이 보이지만 순서를 지켜 차근차근 작업하면 누구나 멋진 결과를 얻을 수 있다.

1 케이크 옆 면에 파이핑할 위치를 표시하고, 표시된 간격에 따라 핀을 꽂는다. 핀 주변에 쇼트닝으로 코팅한다. [사진 1]

2 핀 위로 로얄 아이싱을 걸쳐 파이핑한다. [사진 2]

3 아이싱이 어느 정도 굳은 후 각 핀이 꽂힌 중간 지점에 세로로 파이핑한다. [사진 3]

4 파이핑 된 선들 사이에 다시 파이핑한다. 간격이 아주 좁아질 때까지 반복한다. [사진 4]

> tip 핀을 꽂은 부분은 파이핑하지 않는다.

5 핀을 뺀다. [사진 5]

6 핀이 꽂혔던 자리에 파이핑하여 틈을 없앤다. [사진 6]

7 간격이 좁아지도록 계속 파이핑한다. [사진 7]

8 경계가 되는 부분에 로얄 아이싱을 조금 짜서 레이스를 붙여 장식한다. [사진 8]

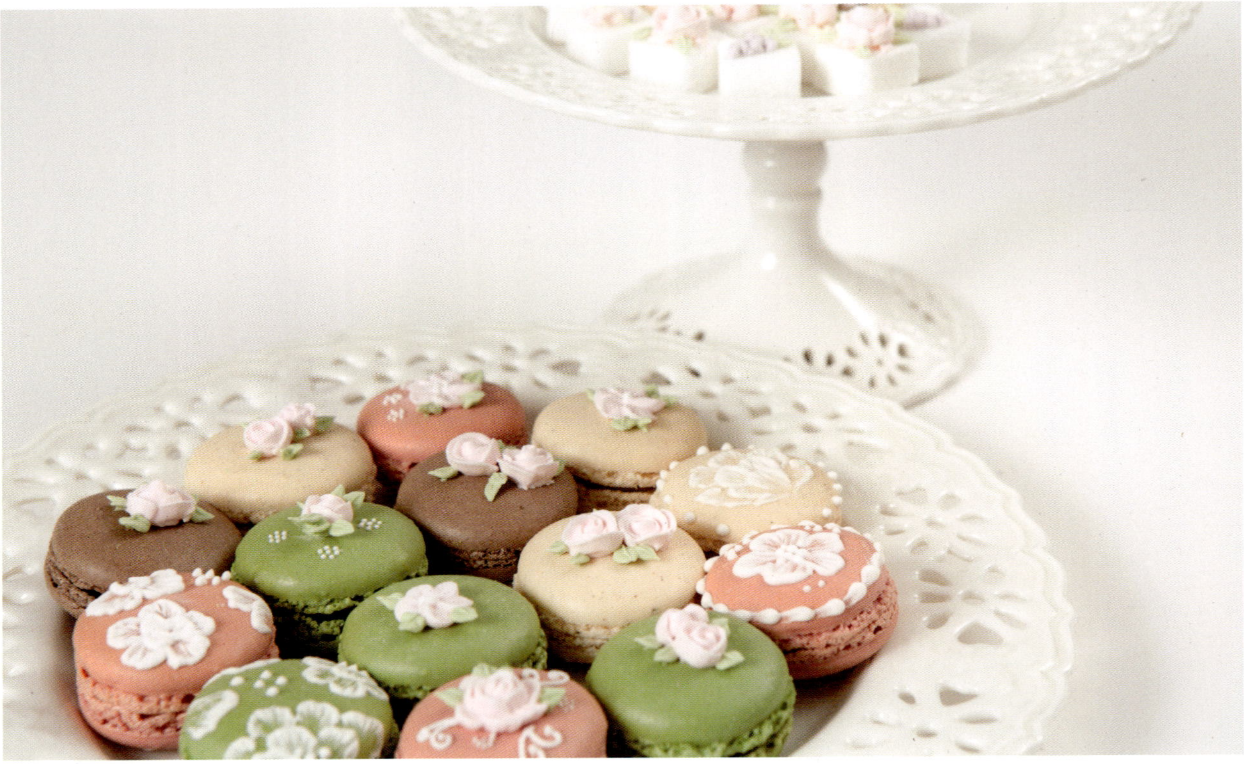

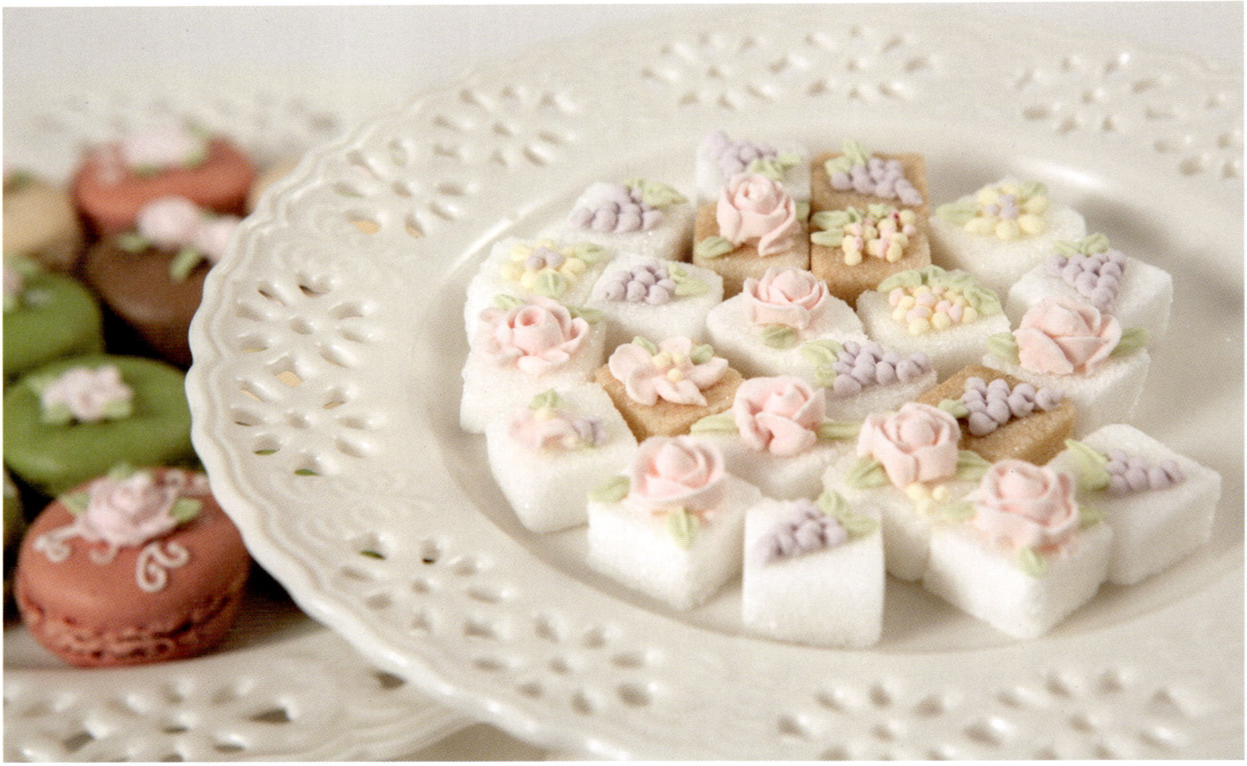

소중한 사람과 달콤한 티타임을 즐기고 싶을 때
슈가로 만든 마카롱과 케이크는
소소한 일상에 작은 선물이 되어준다.

Part 3

슈가 플라워

슈가 플라워 기본 기법

와이어드 플라워즈 기법(Wired flowers method)

철사를 고정시켜 꽃잎을 만드는 기본 기법이다.

1. 철사에 반죽을 조금 감아 보드의 홈 안에 고정시킨다. [사진 1]
2. 반죽을 그 위에 조금 더 얹는다. [사진 2]
3. 그 상태에서 반죽을 밀대로 민다. [사진 3~5]
4. 원하는 형태로 오려낸다. [사진 6, 7]
5. 본툴이나 볼툴로 가장자리가 자연스럽게 보이도록 스펀지 패드 위에서 굴려준다. [사진 8~10]

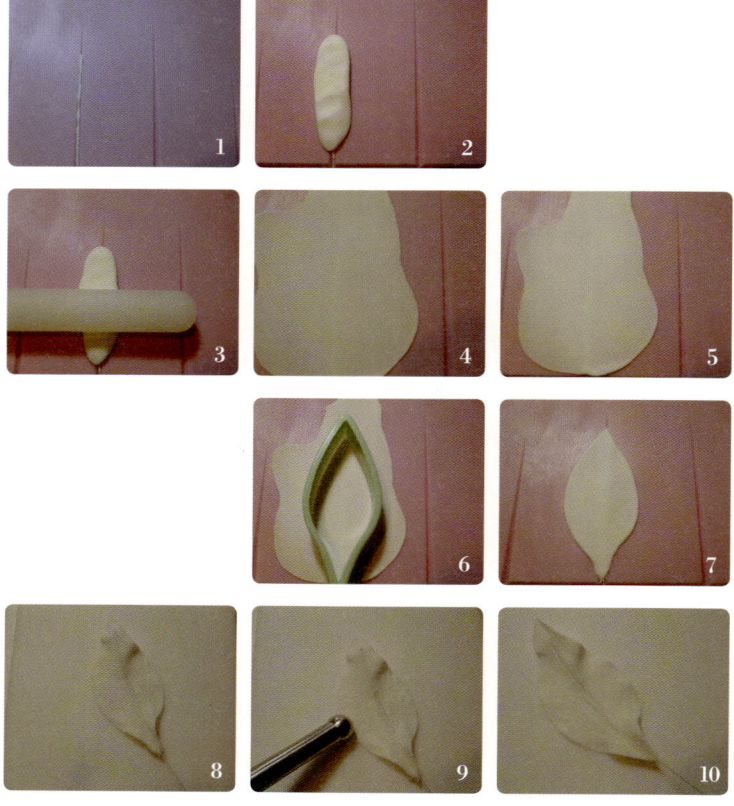

멕시칸 햇 기법(Mexican hat method)

멕시코 모자처럼 뾰족하게 만들어 꽃을 만드는 기법이다.

1. 반죽을 멕시코 모자처럼 위는 뾰족하고 양쪽은 넓게 퍼지도록 만든다. [사진 1~3]
2. 원하는 형태의 커터를 사용하여 모양을 찍어낸다. [사진 4, 5]
3. 본툴이나 볼툴을 사용하여 가장자리를 문질러 다듬는다. [사진 6]

풀드 플라워즈 기법(Pulled flowers method)

반죽을 눌러서 꽃을 만드는 기법이다.

1. 반죽을 물방울 형태로 만들고 가운데에 셀스틱을 이용하여 구멍을 낸다. [사진 1~3]
2. 가위를 이용해 꽃잎의 수대로 자르고 손으로 만져서 다듬는다. [사진 4, 5]

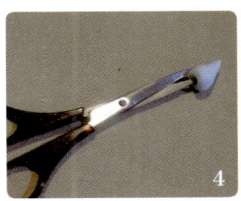

3 실크 베이닝 툴(프릴러)을 이용하여 꽃잎을 얇게 편다. [사진 6~11]

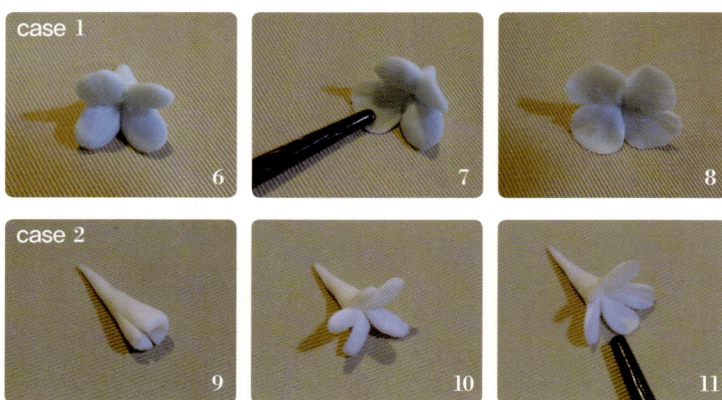

베이너 이용한 잎맥 만들기(Veining)

잎맥을 나타내기 위해서는 주로 베이너를 이용한다.

1 오려낸 꽃잎이나 잎사귀를 베이너 한 쪽 면에 올려놓는다. [사진 1, 2]
2 윗면에 베이너의 나머지 한쪽을 덮고 꼭 누른다. [사진 3]
3 잎사귀가 찢어지지 않도록 조심스럽게 베이너에서 떼어낸다. [사진 4]
4 사진 5에 대한 설명 요청. [사진 5]

꽃잎에 프릴 넣기(Making frills)

스펀지 패드나 보드 위에 올려놓고 본툴과 볼툴을 이용해 눌러주면서 프릴을 만든다. 중간 중간 바닥에 달라붙지 않도록 반죽을 이동시킨다.

자연스러운 프릴

1 스펀지 패드 위에 꽃잎을 올려놓고, 본툴이나 볼툴로 가장자리를 살살 문지른다.

화려한 프릴

1 보드 위에 꽃잎을 올려놓고, 달라붙지 않도록 전분이나 쇼트닝을 바르면서 세게 둔지른다.

더스팅하기(Dusting)

반죽에 있는 기본색에 조금 더 짙거나 연한 색으로 음영을 주어 사실감 있고 화려한 모습을 연출하는 기법이다.

1 붓을 이용하여 가루 형태의 색소를 칠한다. [사진 1, 2]

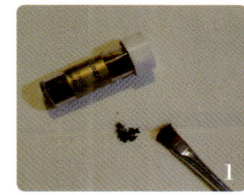 

페인팅하기(Painting)

가루색소를 사용하여 정교하고 짙은 무늬를 표현할 때 사용되는 기법이다.

1 가루 형태의 색소에 알코올을 섞어 액체로 만들어 붓으로 색칠한다. [사진 1~3]

스티밍하기(Steaming)

색을 오래 유지시키고 광택을 주기 위해 끓는 물에 김을 쏘이는 과정을 말한다.

1 끓는 물 위로 올라오는 증기를 이용해 김을 쏘인다. [사진 1]

꽃가루 만들기(Making pollen)

옥수수 가루나 세몰리나에 가루 색소를 섞어 원하는 색상의 꽃가루를 만든다.

1 옥수수 가루 또는 세몰리나를 준비한다. [사진 1]
2 가루 색소를 넣고 섞는다. [사진 2~4]

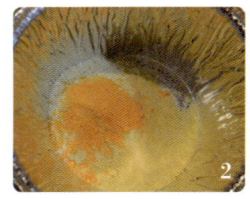

광택내기(Varnishing)

잎사귀나 열매 표면에 최대한 자연스럽게 광택을 주는 기법이다.

1 바니쉬 용액을 조금 덜어 붓에 적신다. [사진 1]
2 한 번에 많이 바르면 흘러내릴 수 있으므로 양을 조절해가며 바른다. [사진 2, 3]

Level 1

은방울꽃
Lily of the valley

| 기본 도구 ⊕ 추가 재료 | 반죽색소[초록색, 와인색, 밝은 노란색]
가루색소[초록색, 가지색]
미니 블러썸 커터
콘베이너 |

은방울꽃 만들기

1. 작은 원형의 흰색 반죽을 27호 철사에 고리를 만들어 끼운다. [사진 1, 2]
2. 윗부분을 동그랗게 남겨 두고 멕시칸 햇 기법으로 꽃잎을 커터로 찍어낸다. [사진 3]
3. 꽃잎 부분을 길게 살살 늘여서 커브를 만든다. [사진 4, 5]
4. 셀 스틱으로 안쪽에 구멍을 내고, 고리가 있는 27호 철사를 구멍에 통과시켜 걸어준다. [사진 6~8]
5. 같은 방법으로 필요한 양의 꽃과 꽃송이를 만든다. [사진 9]
6. 23호 철사에 가장 작은 꽃봉우리부터 차례대로 테이핑한다. [사진 10]

> **tip** 맨 아랫단에 꽃을 2~3송이쯤 배치하면 자연스러운 느낌의 은방울꽃을 만들 수 있다.

7 손으로 구부려서 모양을 만든다. [사진 11]

8 밝은 노란색과 초록색을 섞어 더스팅한다. [사진 12, 13]

잎사귀 만들기

1 초록색 반죽을 와이어드 플라워즈 기법으로 커팅휠을 이용해 길게 오린다. [사진 1]

2 콘베이너로 잎맥을 찍고, 본툴로 가장자리를 부드럽게 한다. [사진 2, 3]

3 가지색이나 와인색으로 더스팅한다. [사진 4, 5]

아럼 릴리(칼라)
Arum lily

기본 도구 ✚ 추가 재료 | 반죽색소[자주색, 검정색]
가루색소[가지색, 밝은 노란색, 초록색]
알코올, 바니쉬 용액
꽃가루[옥수수 가루 + 노란 가루색소]
아럼 릴리 템플레이트
콘베이너

아럼 릴리 꽃잎 만들기

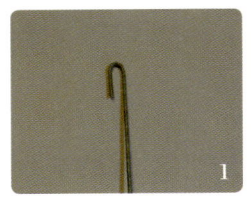 

 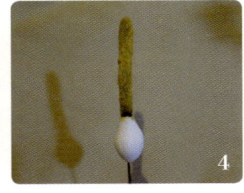

1 자주색과 검정색을 반죽에 섞어 진한 자주색의 반죽을 만들고, 20호 또는 18호 두꺼운 철사에 감싸 암술을 만든다. [사진 1, 2]

2 아랫부분에 흰색으로 도톰한 밑둥을 붙인다. [사진 3]

3 꽃가루를 만들고, 물을 이용해 꽃가루를 묻힌다. [사진 4]

tip 꽃가루 만들기

❶ 옥수수 가루에 노란 가루색소를 섞는다. ❷ 잘 저어 섞는다.

 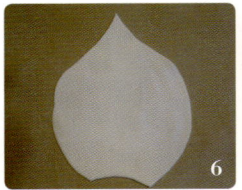 

4 흰색 반죽을 넓게 펴서 꽃잎을 오려 낸다. 콘베이너로 잎맥을 찍는다. [사진 5, 6]

5 본툴로 가장자리를 얇게 펴고, 프릴이 살짝 들어가도록 문지른다. [사진 7]

6 꽃잎 아랫면에 물을 살짝 바르고 암술을 그 위에 올려 굴리듯 말아준다. [사진 8, 9]

> **tip** 꽃 모양을 자연스럽고 예쁘게 만들기 위해서는 거꾸로 들고 약간 종처럼 모양이 퍼지도록 손으로 모양을 잡아준다.

7 줄기 부분을 단단하게 테이핑하고, 초록색으로 다시 한 번 테이핑한 뒤, 모양이 망가지지 않도록 잘 건조시킨다. [사진 10~12]

8 초록색, 밝은 노란색, 가지색을 섞어가며 색칠하고, 스티밍한다. [사진 13]

잎사귀 만들기

1 초록색 반죽을 27호 철사에 감아 보드에 고정시키고, 그 위에 반죽을 밀어 편 후 커팅윌을 이용해서 잎사귀를 오려낸다. [사진 1]

2 콘베이너로 잎맥을 찍고, 본툴로 가장자리를 문질러 자연스럽게 만든다. [사진 2, 3]

3 가지색으로 더스팅한 후 흰색 가루색소를 알코올에 섞고, 가는 붓으로 잎맥을 그린다. [사진 4, 5]

4 스티밍하고, 바니쉬 용액을 발라 윤기를 준다. [사진 6]

스노우베리
Snowberries

기본 도구 ⊕ 추가 재료 | 가루색소[초록색]

스노우베리 만들기

1 작은 원형의 흰색 반죽을 27호 초록색 철사에 고리를 만들어 끼워 봉우리를 만든다. [사진 1~3]

2 이쑤시개나 가늘고 긴 막대를 이용해 모양을 정리한다. [사진 4]

3 아주 작은 것부터 엄지만 한 크기까지 다양하게 구슬을 만든다. 27호 초록색 철사에 고리를 만들어 구슬 위로 통과시켜 고정시킨다. [사진 5]

4 봉우리부터 아래로 내려올수록 열매가 커지도록 테이핑한다. [사진 6, 7]

5 휘청거리지 않도록 23호 철사를 덧대어 테이핑한다. [사진 8]

6 봉우리 윗면을 초록색으로 색칠한다. [사진 9]

램블링 로즈
Rambling rose

기본 도구 ✚ 추가 재료 | 반죽색소[자주색, 초록색]
가루색소[장미색, 진노란색, 와인색]
장미 커터 세트
잎사귀 커터
콘베이너

램블링 로즈 꽃잎 만들기

1 연한 분홍색 반죽에 가장 작은 꽃잎 커터를 이용해 와이어드 플라워즈 기법으로 찍어낸다. [사진 1]

2 본툴로 프릴을 만들고, 손으로 눌러 자연스럽게 모양을 낸다. [사진 2]

3 같은 꽃잎을 3장 만들어 한 장씩 겹치게 감는다. 모양이 일정하지 않아야 더 매력적이므로 서로 눌리면 눌리는 대로 테이핑한다. [사진 3~5]

4 한 단계 큰 사이즈의 꽃잎을 찍어 같은 형식으로 모양을 만든다. 총 5장을 더 만들어 돌아가며 감아 테이핑다. [사진 6~8]

5 그 다음 단계로 큰 사이즈의 꽃잎 커터를 이용해 모양을 찍어 5장을 만들고, 큰 꽃잎들도 같은 방법으로 돌아가며 감아 테이핑한다. [사진 9~11]

6 장미색과 진노란색을 섞어 군데군데 색칠을 하고, 스티밍한다. [사진 12]

7 초록색 반죽에다 멕시칸 햇 기법을 이용하여 꽃받침 모양을 찍어낸다. [사진 13]

8 가위집을 넣고 본툴로 정리하면서 모양을 만든다. [사진 14]

9 꽃잎에 끼워 붙인다. [사진 15]

10 가지색으로 더스팅한다. [사진 16]

잎사귀 만들기

1 초록색 반죽을 27호 철사에 감아 보드에 고정시키고, 그 위에 반죽을 밀어 잎사귀를 찍어낸다. [사진 1]

2 잎사귀 커터로 찍고, 콘베이너로 잎맥을 만든다. [사진 2]

3 가지색으로 더스팅하고, 스티밍으로 마무리한다. [사진 3]

4 줄기 부분을 초록색으로 테이핑하여 마무리한다. [사진 4]

5 여러 개의 잎사귀를 사용할 경우 한 번 더 단단하게 테이핑한다. [사진 5]

튜브로즈
Tuberose

슈가 플라워 _ Level 1

| 기본 도구 ⊕ 추가 재료 | 가루색소[장미색, 연노란색, 연두색]
극소사씨
6잎 꽃잎 커터 |

튜브 로즈 꽃잎 만들기

1 극소사씨를 5개 정도 잘라 철사에 테이핑한 후 노란색으로 칠한다. [사진 1~3]

2 6잎 꽃잎 커터로 찍고 꽃잎이 오목해지도록 본툴로 문지른다. 꽃술에 끼운다. [사진 4]

3 꽃잎을 꽃술에 끼우면서 손으로 매만져 자연스러운 모양으로 오므린다. [사진 5, 6]

4 약간 더 큰 사이즈의 툴로 찍어 같은 방법으로 물은 살짝 발라 겹쳐 붙인다. [사진 7]

5 더 큰 사이즈의 꽃잎을 한 번 더 겹쳐 붙인다. [사진 8, 9]

6 장미색, 연노란색, 연두색으로 아랫부분을 더스팅한다. [사진 10~12]

봉우리 만들기

1 고리를 건 철사에 타원형의 반죽을 고정한 후, 커팅휠로 금을 긋는다. [사진 1~3]

2 장미색, 연노란색, 연두색으로 더스팅 한다. [사진 4]

3 봉우리를 위에서부터 차례로 엮어 내려온다. [사진 5, 6]

4 중간 중간 테이프가 삐져나오도록 만들어 자연스럽게 표현하고, 만들어놓은 튜브 로즈와 함께 테이핑하여 마무리한다. [사진 7]

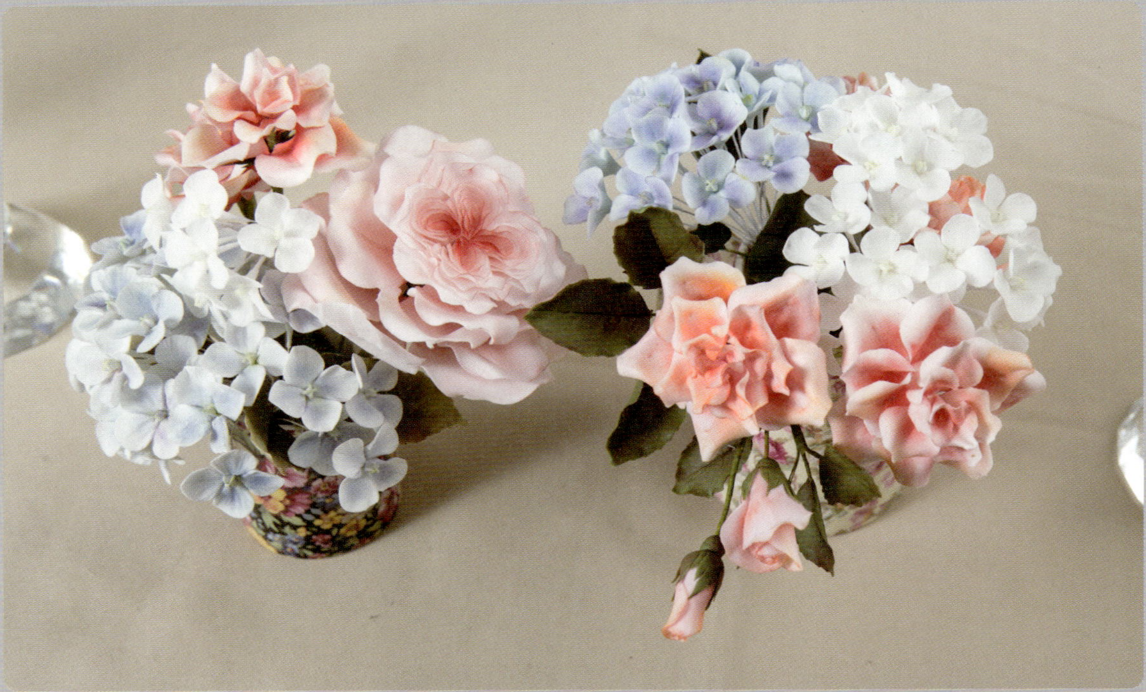

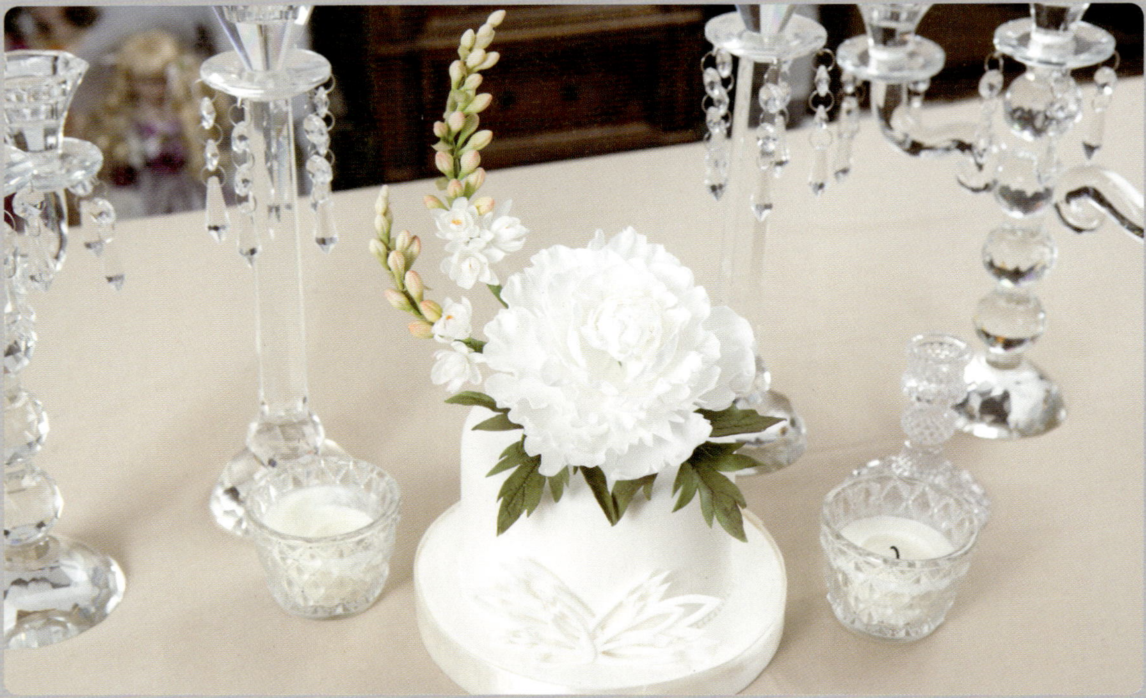

라일락
Lilac

| 기본 도구 ➕ 추가 재료 | 반죽색소[보라색]
가루색소[보라색, 가지색, 진노란색] |

라일락 만들기

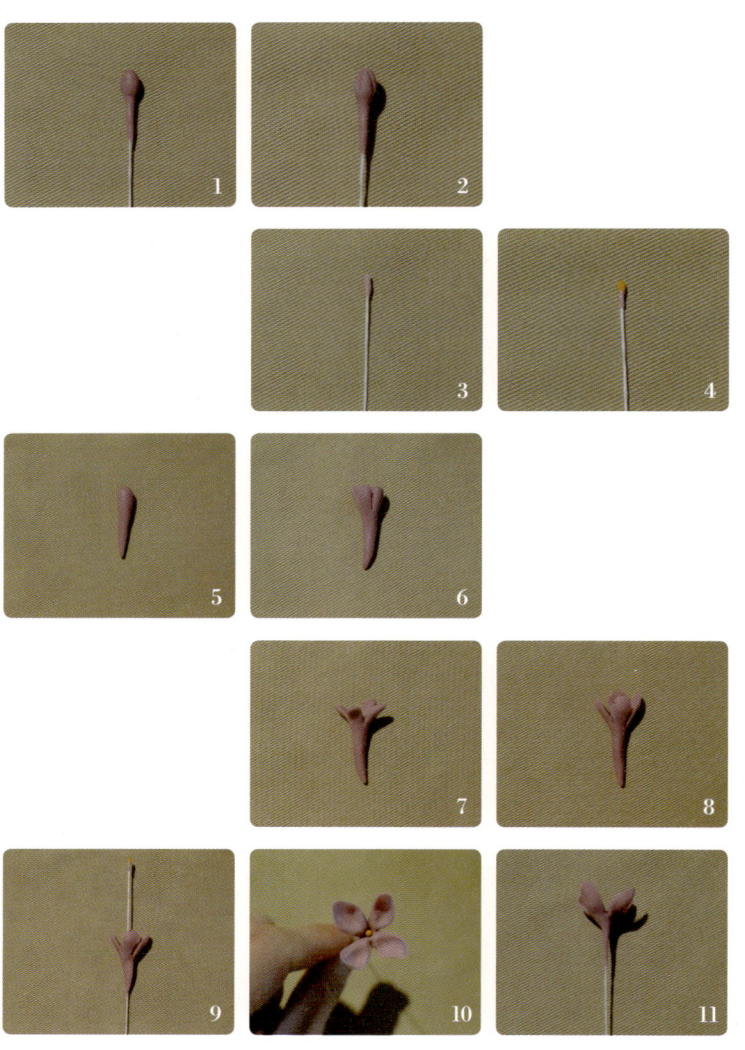

1. 고리를 건 철사에 반죽을 감아 위는 둥글고 아래는 가는 모양으로 만든다. [사진 1]

2. 윗면을 4등분으로 칼집을 내서 봉우리를 만든다. [사진 2]

3. 아주 작은 양의 반죽을 철사에 감고 끝 부분에 노란색을 칠한다. [사진 3, 4]

4. 보라색 반죽을 4등분하여 풀드 플라워즈 기법으로 꽃을 만든다. 꽃잎이 오목해지도록 본툴로 눌러준다. [사진 5~8]

5. 만들어놓은 센터에 진노란색으로 칠한 심지를 끼운다. [사진 9~11]

6 같은 방법으로 다양한 크기와 모양의 꽃잎을 여러 개 만들고, 보라색과 가지색을 섞어 더스팅한다. [사진 12, 13]

7 봉우리부터 차례로 테이핑해서 완성한다. [사진 14~17]

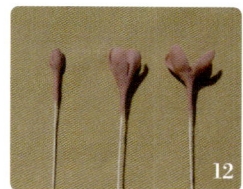
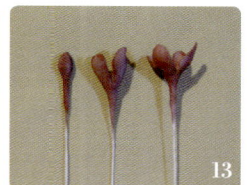

슈가 플라워 _ Level 1   089

수국
Hydrangea

슈가 플라워 _ Level 1

| 기본 도구 ✚ 추가 재료 | 반죽색소[파란색]
가루색소[파란색, 보라색, 가지색]
잎사귀 커터
콘베이너 |

수국 꽃잎 만들기

1. 아주 작은 물방울 형태의 하늘색 반죽을 27호 철사 끝에 붙여 핀셋으로 4등분하여 센터를 준비해놓는다. [사진 1, 2]

2. 연한 하늘색의 반죽을 물방울 모양으로 만든다. [사진 3]

3. 셀스틱으로 가운데에 구멍을 낸다. [사진 4]

4. 4등분으로 가위집을 낸다. [사진 5]

5. 손으로 눌러 모서리를 둥글게 만든다. [사진 6]

6. 실크 베이닝 툴을 이용하여 꽃잎을 넓고 둥글게 편다. [사진 7]

7. 만들어 둔 센터를 가운데 통과시켜 고정시키고 보라색, 파란색 등을 섞어 원하는 대로 색칠한 후에 가운데는 밝은 노란색으로 칠하고, 스티밍한다. [사진 8~10]

8. 같은 사이즈의 꽃을 최소한 15개 이상 만들어 테이핑한다. [사진 11~13]

잎사귀 만들기

1. 초록색 반죽을 27호 철사에 감아 보드에 고정시키고, 그 위에 반죽을 밀어 잎사귀를 찍어낸다. [사진 1]
2. 커터로 찍고, 베이너로 잎맥을 만든 후, 볼툴로 가장자리를 정리한다. [사진 2~4]
3. 가지색으로 더스팅하고, 줄기 부분은 초록색으로 테이핑한다. [사진 5]
4. 스티밍으로 마무리한다. [사진 6]

스윗피
Sweet peas

슈가 플라워 _ Level 1

기본 도구 ✚ 추가 재료	반죽 색소[진노란색] 가루색소[보라색, 파란색, 노란색, 가지색, 진자주색] 스윗피 커터 미니 꽃받침 커터 콘베이너

스윗피 꽃잎 만들기

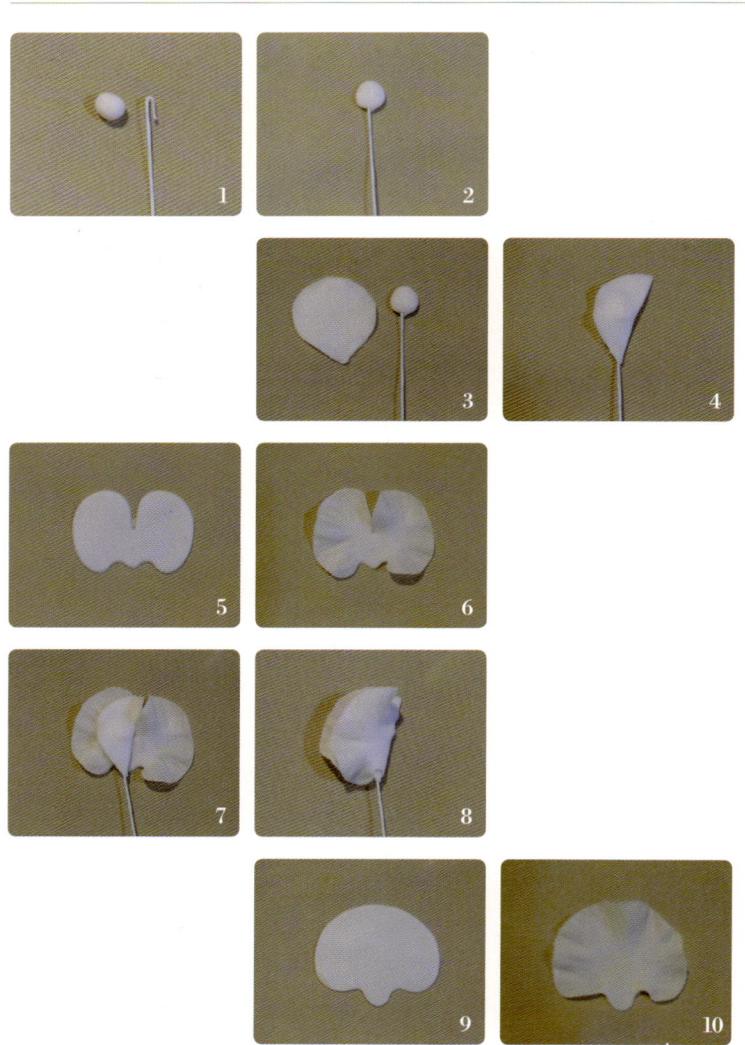

1 27호 철사에 고리를 만들고, 팥알보다 작은 크기의 콩 모양으로 만들어 끼운다. [사진 1]

2 납작해지도록 손으로 누른다. [사진 2]

3 장미 꽃잎 중간 사이즈 커터로 꽃잎을 찍고, 본툴로 문지른 자연스러운 꽃잎을 준비한다. [사진 3]

4 납작하게 만든 반죽 위에 반달 모양으로 붙인다. [사진 4]

5 스윗피 중간 꽃잎을 하나 얇게 밀어 찍는다. [사진 5]

6 실크 베이닝 툴을 사용하여 프릴을 만든다. [사진 6]

7 아랫부분의 높이를 맞춰 물로 붙인다. 살짝 벌어진 정도로만 붙인다. [사진 7, 8]

8 가장 바깥 꽃잎을 밀어 찍어낸 후 프릴을 화려하게 넣는다. [사진 9, 10]

9 아랫부분을 맞춰 바깥 꽃잎을 철사에 붙이고, 작은 꽃받침을 멕시칸 햇 기법으로 찍어내어 물로 붙인다. 철사에 테이핑한다. [사진 11~13]

10 보라색, 파란색, 진자주색, 노란색 등 여러 색을 사용하여 꽃에 더스팅한다. 봉우리를 붙여 마무리한다. [사진 14, 15]

tip 봉우리 만들기

봉우리는 반달 형태로 꽃잎보다 조금 더 크게 만든다.

잎사귀 만들기

1 잎사귀는 초록색 반죽으로 와이어드 플라워즈 기법을 이용하여 찍어낸다. [사진 1]

2 콘베이너로 잎맥을 찍고 꽃처럼 프릴을 화려하게 넣은 후, 가지색으로 더스팅해서 꽃과 함께 스티밍한다. [사진 2, 3]

덩굴 만들기

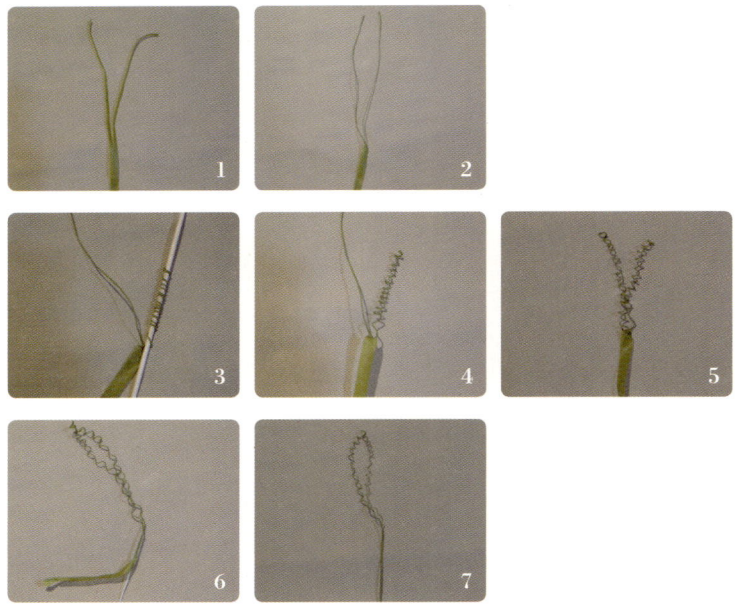

1 플로랄 테이프를 반 가르고, 갈라진 테이프 부분을 꼬아준다. [사진 1, 2]

2 꼬아준 부분을 이쑤시개를 사용하여 스프링처럼 감는다. [사진 3~5]

3 스프링 모양 테이프를 철사에 감는다. [사진 6, 7]

4 잎사귀에 섞어서 테이핑한다. [사진 8]

카네이션
Carnation

기본 도구 ⊕ 추가 재료	반죽색소[노란색, 초록색] 가루색소[진자주색, 장미색, 가지색, 와인색] 카네이션 커터 꽃받침 커터 콘베이너

카네이션 꽃잎 만들기

1 연한 노란색 반죽을 얇게 밀어 카네 이션 커터로 찍는다. [사진 1]

2 실크 베이닝 툴로 밀어 프릴을 만든 다. [사진 2]

3 가운데에 소량의 물을 발라 반으로 접는다. 이때 프릴이 망가지지 않도록 조심한다. [사진 3]

4 23호 철사에 약간의 반죽을 붙여 센 터를 만든다. [사진 4, 5]

5 반을 접은 꽃잎 센터를 올려놓고 1/3 은 앞으로 접고, 1/3은 뒷면으로 접어 붙인 후, 가위집을 내어 모양을 만든 다. 그 상태로 건조시킨다. [사진 6~8]

6 카네이션 꽃잎을 한 장 더 찍어 프릴 을 넣는다. [사진 9]

7 만들어 둔 꽃 위에 한 겹 덧씌워 붙인 다. 한 번 더 반복한 후 가위집을 넣는 다. [사진 10]

8 초록색 반죽으로 멕시칸 햇 기법을 이용해 꽃받침을 만들고, 꽃에 끼워 붙인다. [사진 11~13]

9 작은 꽃받침을 하나 더 찍어 끝에 붙인다. [사진 14, 15]

10 진자주색과 와인색을 알코올을 넣어 섞고, 붓으로 꽃잎 끝에 살짝 칠한다. [사진 15]

잎사귀 만들기

1 초록색 반죽을 와이어드 플라워즈 기법을 이용하여 커팅휠로 길쭉한 잎사귀 모양으로 오려낸다. [사진 1]

2 콘베이너로 찍어 잎맥을 낸다. [사진 2]

3 본툴로 가장자리를 부드럽게 하고 모양을 잡는다. [사진 3]

4 가지색으로 색칠한다. [사진 4]

Level 2

심비디움
Cymbidium

기본 도구 ✚ 추가 재료 | 가루색소[진자주색, 가지색, 진노란색]
알코올
심비디움 커터
콘베이너

심비디움 만들기

1 흰색 반죽을 강낭콩 크기만큼 떼어 길죽한 타원을 만든다. [사진 1]
2 고리가 있는 27호 철사에 걸고, 손으로 머리 부분이 갸름해지도록 모양을 만든다. [사진 2, 3]
3 아주 작은 구슬을 만들어 꼭대기에 붙이고, 가운데 금을 그어준다. [사진 4]
4 가지색으로 더스팅한다. [사진 5]
5 가지색에 알코올을 섞어 점을 찍는다. [사진 6]
6 반죽을 얇게 밀어 입술 부분이 되는 부분을 찍어낸다. [사진 7]
7 가운데를 핀셋으로 집어 세로줄 무늬를 내고, 적당한 크기로 만든다. [사진 8, 9]
8 본툴로 가장자리에 프릴을 준다. [사진 10, 11]
9 입술 부분의 양 가장자리에 물을 발라 만들어 둔 머리에 붙인다. [사진 12]
10 가지색에 알코올을 섞어 불규칙하게 점을 찍는다. [사진 13]

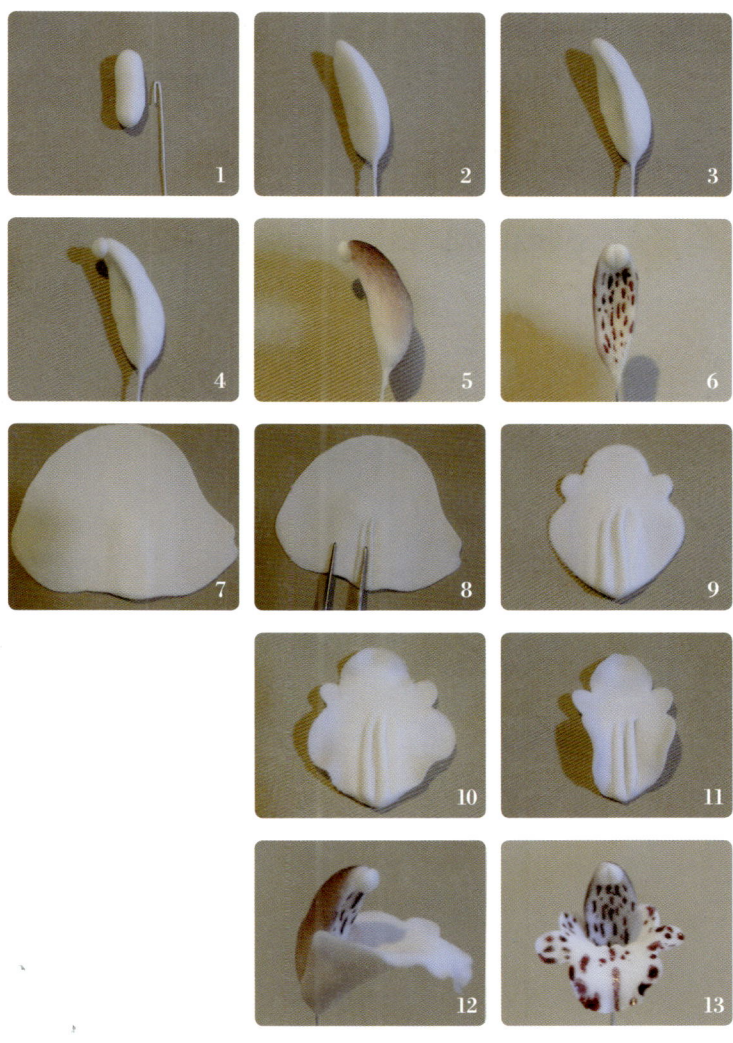

슈가 플라워 _ Level 2   105

11 꽃잎을 와이어드 플라워즈 기법으로 만든다. [사진 14]

12 콘베이너를 찍는다. [사진 15]

13 본툴로 가장자리를 밀어주고, 약간 숙인 모양으로 만든다. 총 5장을 만들어 건조시킨다. [사진 16]

14 만들어 놓은 센터를 중심으로 5장의 꽃잎을 테이핑한다. [사진 17~20]

15 진자주색과 가지색을 섞어 더스팅한다. 입술 안쪽 부분은 노란색으로 칠한다. [사진 21]

16 스티밍한다. [사진 22, 23]

봉우리 만들기

1 고리를 건 철사에 작은 타원형의 반죽을 끼운다. [사진 1, 2]
2 커팅휠로 칼집을 낸다. [사진 3]
3 진노란색, 진자주색, 가지색을 섞어 더스팅 후 스티밍한다. [사진 4]

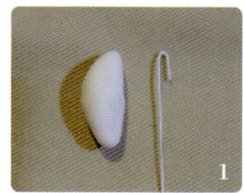 

잎사귀 만들기

1 초록색 반죽을 와이어드 플라워즈 기법으로 길게 오린다. [사진 1]
2 가장자리를 살짝 본툴로 문지르고, 가운데 세로로 선이 생기도록 손으로 눌러준다. [사진 2, 3]
3 가지색으로 더스팅 후 스티밍한다. [사진 4]

호접란
Moth orchid

기본 도구 ✚ 추가 재료 | 반죽색소[초록색]
가루색소[빨간색, 진노란색, 장미색, 가지색]
바니쉬 용액, 알코올
호접란 템플레이트
콘베이너

호접란 꽃잎 만들기

1. 흰색 반죽으로 27호 철사에 와이어드 플라워즈 기법을 이용하여 호접란의 얼굴 부분을 오려낸다. 가운데를 핀셋으로 집어서 세로줄 무늬를 만든다. [사진 1, 2]

2. 끝 부분에 가위집을 넣어 두 개의 뾰족한 더듬이 형태를 만든다. [사진 3]

3. 팥알보다 좀 더 작은 반죽을 가운데에 붙이고 손으로 오목하게 만든 후, 가운데가 갈라진 모양이 되도록 한다. [사진 4]

4. 비슷한 크기의 작은 물방울 형태의 반죽을 붙이고 가위집을 넣는다. [사진 5~7]

5. 진노란색과 장미색으로 더스팅하고, 빨간색에 알코올을 섞어 점을 찍는다. [사진 8, 9]

6. 양 옆에 날개처럼 생긴 꽃잎 2장을 와이어드 플라워즈 기법으로 만들고, 콘베이너로 잎맥을 찍어 건조시킨다. [사진 10~12]

7 가운데에 꽃잎 1장과 아래쪽에 들어갈 꽃잎 2장을 같은 방법으로 만들어 건조시킨다. [사진 13~16]

8 양 날개를 먼저 테이핑한다. [사진 17, 18]

9 입술 부분의 양 가장자리에 물을 발라 만들어 둔 머리에 붙인다. [사진 19, 20]

봉우리 만들기

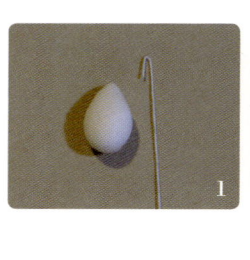

1 고리를 건 23호 철사에 도톰한 물방울 형태의 봉우리를 끼운다. [사진 1, 2]

2 커팅휠로 3~4등분 하여 금을 긋고, 진자주색, 밝은 노란색, 초록색을 섞어 살짝 더스팅한다. [사진 3]

3 줄기 부분은 초록색으로 테이핑한다. [사진 4]

잎사귀 만들기

1. 진한 초록색 반죽을 23호 철사에 감고, 그 위에 반죽을 민다. 커팅휠로 잎사귀를 오린 후 가운데 철사를 따라 손으로 접어 잎맥을 만든다. [사진 1, 2]
2. 광택을 주는 달걀흰자나 바니쉬 용액을 바른 후 건조시킨다. [사진 3]

기근 만들기

1. 연한 초록색 반죽을 23호 철사에 길게 감아 기근을 만든다. [사진 1]

붉은 모란
Red peony

기본 도구 ❶ 추가 재료 | 반죽색소[빨간색, 초록색]
가루색소[진노란색, 와인색]
콘베이너
알코올

붉은 모란 꽃잎 만들기

1 연한 초록색 반죽으로 물방울 모양을 만들고, 고리가 있는 27호 철사에 고정시킨다. [사진 1, 2]

2 끝을 구부려 암술의 중심을 만들고, 손끝으로 눌러 곡선 모양으로 가장자리는 납작하게 만든다. [사진 3]

3 3개를 만들어 서로 마주 보도록 테이핑하여 센터를 만든다. [사진 4, 5]

4 만들어놓은 센터를 중심으로 수술을 돌려가며 감싸 테이핑한다. [사진 6, 7]

5 수술에 진노란색을 알코올에 개어 색칠한다. 암술머리에도 와인색으로 더스팅한다. [사진 8, 9]

6 27호 철사에 빨간색 반죽으로 작은 심지를 감아 센터를 만든다. [사진 10]

7 반죽을 얇게 밀고 커팅월을 이용해서 꽃잎을 오려낸 후, 베이닝 툴을 이용하여 프릴을 만든다. 같은 모양의 꽃잎 8장을 만든다. [사진 11, 12]

8 조금 더 큰 사이즈의 꽃잎 8장을 추가로 만든다. [사진 13]

9 와인색으로 음영이 생기도록 더스팅한다. [사진 14]

10 작은 꽃잎 8장부터 차례대로 테이핑한다. [사진 15]

11 조금 더 큰 사이즈의 꽃잎을 한 겹 더 빙 둘러가며 테이핑한다. [사진 16]

12 초록색 반죽으로 꽃받침을 만들고 더스팅하여 붙인다. [사진 17~19]

13 스티밍한다. [사진 20, 21]

잎사귀 만들기

1 초록색 반죽을 와이어드 플라워즈 기법으로 길게 오려낸 후 콘베이너에 찍는다. [사진 1, 2]

2 위쪽에 가위집을 넣어 모양을 만든다. [사진 3]

3 본툴로 가장자리에 프릴을 주고, 가운데는 가장 긴 잎, 양쪽에는 약간 작은 잎 2개를 함께 테이핑한다. [사진 4~6]

칠리 페퍼
Chilly peppers

기본 도구 ➕ 추가 재료	반죽색소[빨간색, 초록색] 바니쉬 용액

칠리 페퍼 만들기

1. 빨간색 반죽을 갸름하고, 끝은 뾰족하게 만들어 23호 철사 고리에 걸어 고정시킨다. [사진 1, 2]
2. 초록색 반죽을 손으로 눌러 머리 부분을 만들고, 남는 반죽은 철사에 감아 꼭지를 만든다. [사진 3~5]
3. 광택이 나도록 달걀흰자나 바니쉬 용액을 발라 건조시킨다. [사진 6, 7]

포인세티아
Poinsettia

기본 도구 ➕ 추가 재료	반죽색소[빨간색, 초록색] 가루색소[진노란색, 초록색, 빨간색] 알코올 꽃가루[옥수수 가루 + 노란 가루색소] 포인세티아 커터 콘베이너

포인세티아 꽃잎 만들기

1 아주 작은 꽃술을 27호 철사와 함께 테이핑한다. [사진 1]

2 테이핑한 아랫부분에 노란색 반죽을 감싸서 포인세티아 센터를 만든다. [사진 2]

3 꽃술에 붉은색으로 칠하고 끝 부분에는 슈가글루를 발라 노란 꽃가루를 묻힌다. 아랫부분은 초록색으로 더스팅한다. [사진 3]

4 초록색 반죽으로만 아주 작은 봉우리를 만들어 만들어놓은 센터와 섞어 테이핑한다. [사진 4]

5 붉은색 반죽을 사용하여 와이어드 플라워즈 기법으로 꽃잎을 만들고, 베이너에 찍는다. 본툴로 가장자리에 너무 힘을 주지 않고 밀어 펴준다.
작은 사이즈는 사이즈 별로 1~2개씩 만들고, 가장 큰 사이즈로 붉은색 꽃잎 5장, 진한 초록색 꽃잎 5장을 만든다. [사진 5~7]

6 와인색으로 빨간 꽃잎, 초록 꽃잎 모두 더스팅한다. [사진 8]

7 빨간 꽃잎에는 초록색에 알코올을 섞어 잎맥을 살짝 그려 생동감을 주고, 초록 꽃잎에는 빨간색으로 잎맥을 그려 심심함을 없앤다. [사진 9]

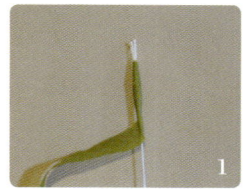

8 센터 주변으로 작은 꽃잎부터 차례대로 테이핑한다. [사진 11~15]

9 스티밍한다. [사진 16]

tip 다양한 컬러의 포인세티아 만들기

완전히 빨갛게 물들지 않은 중간 정도나 흰색 포인세티아를 만들기 위해서는 흰색 반죽으로 똑같이 만든 후 색칠할 때 더스팅 컬러를 결정하면 된다.

홀리베리
Hollyberries

기본 도구 ✚ 추가 재료   반죽색소[빨간색, 초록색]
바니쉬 용액
홀리 잎사귀 커터

홀리베리 만들기

1. 고리가 있는 초록색 27호 철사에 빨간색 반죽을 팥알만 한 크기로 둥글게 만들어 끼운다. [사진 1, 2]
2. 필요한 개수만큼 넉넉하게 만들어 2~3개씩 그룹을 지어 테이핑한다. [사진 3, 4]

잎사귀 만들기

1. 진한 초록색 반죽을 철사에 감아 보드에 올리고, 그 위에 반죽을 덮어 밀어 편다. 홀리 잎사귀 커터로 찍어내고, 철사가 들어간 가운데 부분을 손으로 접어 잎맥을 만든다. [사진 1]
2. 잎사귀의 뾰족한 부분이 강조될 수 있도록 본툴로 잡아 끌어당기듯 밀어준다. [사진 2]
3. 뾰족한 잎끝이 살아나도록 손으로 모양을 잡는다. 크고 작은 잎을 여러 장 만든다. [사진 3]
4. 바니쉬 용액이나 달걀흰자를 발라 건조시켜 광택이 살아나도록 한다. [사진 4]

5 작은 잎사귀부터 시작하여 홀리베리를 섞어가며 23호 철사에 차례차례 테이핑한다. [사진 5, 6]

낙산홍
Redberries

기본 도구 ✚ 추가 재료 | 반죽색소[빨간색]
갈색 테이프
바니쉬 용액

낙산홍 만들기

1 진한 빨간색 반죽으로 작은 구슬 형태의 열매를 만들어 고리가 있는 철사에 걸어 고정시킨다. [사진 1~3]

2 바니쉬 용액을 발라 건조시킨다. [사진 4]

3 갈색 테이프를 사용하여 적당한 크기의 가지 형태로 묶는다. [사진 5]

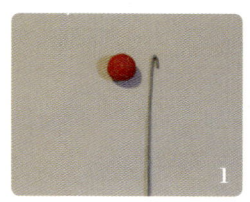
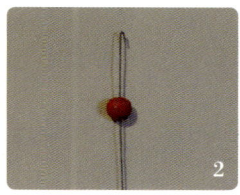

분홍 장미
Pink rose

기본 도구 ⊕ 추가 재료 | 반죽색소[자주색, 초록색]
가루색소[장미색, 가지색, 진노란색, 초록색]
장미 커터, 베이너
잎사귀 커터, 베이너
꽃받침 커터

장미 꽃잎 만들기

1. 연한 분홍색 반죽을 이용하여 길쭉한 물방울무늬를 만들어 20호 철사 고리에 걸어 고정시킨다. [사진 1, 2]

2. 작은 사이즈의 장미 커터로 꽃잎 1장을 만들고, 본툴로 밀어준다. 꽃잎에 물을 발라서 끝이 뾰족하게 감아 붙인다. [사진 3~5]

3. 꽃잎 2장을 더 찍어 서로 마주 보도록 붙인다. [사진 6, 7]

4. 꽃잎 3장을 더 찍어 똑같이 돌려 감아 붙인다. [사진 8, 9]

5. 중간 사이즈의 꽃잎 3장을 찍어 반복한다. 같은 사이즈로 3장을 한 번 더 감는다. [사진 10, 11]

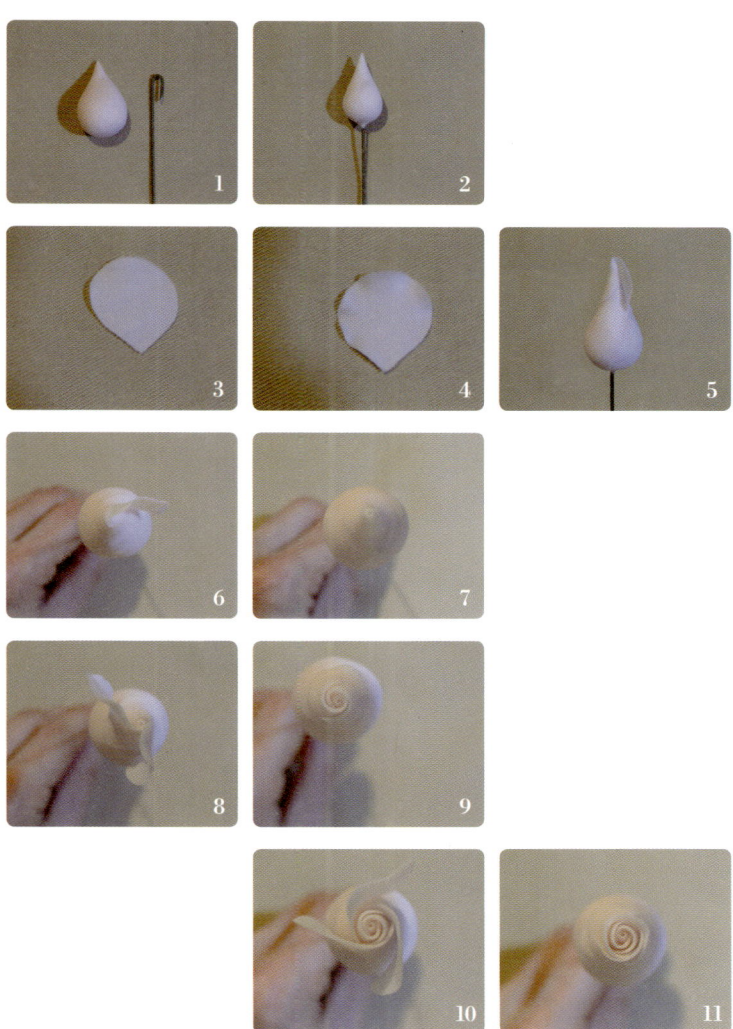

슈가 플라워 _ Level 2

6 큰 사이즈의 꽃잎 3장을 찍고, 꽃잎 왼쪽에만 물을 발라 살짝 벌려가며 붙인다. 같은 방법으로 큰 사이즈의 꽃잎 3장을 좀 더 꽃잎 사이가 벌어지도록 붙인다. [사진 12, 13]

7 가장 큰 사이즈의 꽃잎을 3장 만들어 틈이 더 벌어지도록 붙인다. [사진 14~19]

8 27호 철사에 와이어드 플라워즈 기법으로 꽃잎을 찍고, 장미 꽃잎 모양을 베이너로 찍는다. [사진 20]

9 본툴로 꽃잎 가장자리를 얇게 밀어주고, 손으로 꽃잎 형태를 만들어 건조시킨다. 같은 모양의 꽃잎을 총 8개 만든다. [사진 21, 22]

10 먼저 3장의 꽃잎을 돌려가며 테이핑한다. 5장을 돌려가며 또 테이핑한다. [사진 23, 24]

11 진자주색과 장미색을 섞어 음영을 주어 더스팅하고, 진노란색으로 살짝 덧칠한다. 초록색을 이용하여 가장자리에 살짝 색칠하여 생화 같은 느낌을 만든다. [사진 25, 26]

12 초록색 반죽에 꽃받침 커터로 찍어 낸 후 가위집을 넣는다. [사진 27, 28]
13 꽃에 꽃받침을 붙인다. [사진 29]
14 작은 공 모양의 로즈힙을 만들어 붙인다. [사진 30, 31]

잎사귀 만들기

1 초록색 반죽을 27호 철사에 감아 보드에 고정시키고, 그 위에 반죽을 밀어 잎사귀를 찍어낸다. [사진 1]
2 잎사귀 커터로 찍고, 베이너로 잎맥을 만든다. [사진 2, 3]
3 가지색으로 더스팅한다. [사진 4]
4 스티밍으로 마무리한다. [사진 5]

tip 흰 장미 만들기

❶ 분홍 장미와 같은 방법으로 흰색 반죽을 이용하여 만든다. 다 만들어 진 후 더스팅한다.

❷ 꽃잎 끝 부분에 연두색과 가지색으로 살짝 색칠해서 사실감을 높인다.

❸ 분홍 장미와 같은 방법으로 꽃받침과 잎사귀를 붙여 완성한다.

쟈스민
Jasmine

기본 도구 ✚ 추가 재료　|　가루색소[와인색]

쟈스민 꽃잎 만들기

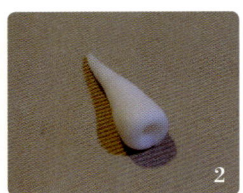

1 흰색 반죽으로 작은 물방울 모양을 만든다. [사진 1]

2 셀스틱을 이용하여 가운데에 구멍을 낸다. [사진 2]

3 가위집을 내어 5개의 꽃잎을 만든다. [사진 3]

4 손으로 눌러 꽃잎을 날렵하게 만든다. [사진 4]

5 베이닝 툴로 눌러 꽃잎을 얇게 펴고 모양을 잡는다. [사진 5, 6]

6 고리가 있는 27호 철사에 건다. [사진 7~10]

7 와인색으로 더스팅한다. [사진 11]

8 봉우리와 꽃을 2~3개씩 섞어 테이핑하고, 스티밍한다. [사진 12]

봉우리 만들기

1 철사 끝에 작은 물방울 모양의 반죽을 끼운다. [사진 1]

2 손으로 끝이 뾰족해지도록 만든 후 가늘고 길게 되도록 다듬는다. [사진 2, 3]

3 가위집을 넣고 더스팅한다. [사진 4]

 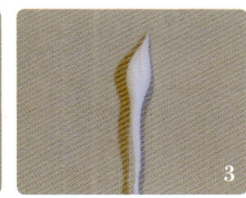

142

Level 3

다알리아
Dahlia

기본 도구 ✚ 추가 재료 │ 반죽색소[빨간색, 초록색]
　　　　　　　　　　　가루색소[빨간색, 와인색]
　　　　　　　　　　　6잎 소국 커터

다알리아 만들기

1. 붉은색 반죽을 27호 철사에 감아 뾰족하게 만들고, 작은 사이즈의 꽃잎을 찍어 본툴로 살짝 문지른 후 센터를 감싸서 붙인다. [사진 1]

2. 그 다음 사이즈의 꽃잎을 한 겹 더 붙인다. [사진 2, 3]

3. 같은 사이즈의 꽃잎으로 한 번 더 반복한다. [사진 4]

4. 약간 더 큰 사이즈의 꽃잎을 겹쳐 붙인다. [사진 5]

5. 와이어드 플라워즈 기법으로 아주 작은 형태의 꽃잎을 오려내고, 고깔처럼 보이도록 아래쪽을 말아준다. 5~6개 정도 테이핑한다. [사진 6, 7]

6. 조금 더 큰 사이즈의 꽃잎을 오리고 같은 방법으로 만들어서 8~9장 테이핑한다. [사진 8~10]

7 더 길고 큰 사이즈의 꽃잎을 9~10장 만들어 테이핑한다. [사진 11~16]

8 가장 길고 큰 사이즈의 꽃잎을 12~14장 정도 만들어서 사이사이 빈틈이 보이지 않도록 테이핑한다. [사진 17~19]

9 초록색 반죽을 작고 뾰족한 형태로 만들어 27호 철사에 끼워 꽃받침을 만들고, 꽃잎에 테이핑한다. [사진 20~24]

10 빨간색과 와인색으로 음영을 주어 더 스팅하고, 마지막으로 스티밍한다. [사진 25]

홍매
Red ume flowers

| 기본 도구 ⊕ 추가 재료 | 반죽색소[빨간색, 초록색]
가루색소[빨간색, 와인색]
5잎 꽃잎 커터
흰색 실
갈색 테이프 |

홍매 만들기

1. 흰색 실을 손가락 사이에 10~12회 정도 감아 8자로 꼰 후 동그랗게 만든다. [사진 1~3]

2. 고리가 있는 철사에 걸고 감는다. [사진 4]

3. 고정시켜 테이핑한 후, 반을 갈라 다듬는다. [사진 5, 6]

4. 줄기 부분을 초록색으로 테이핑한 후 빨간색으로 더스팅해서 수술을 만든다. [사진 7~9]

5. 붉은색 반죽을 멕시칸 햇 기법으로 만들어 수술에 끼워 붙인다. [사진 10~13]

6 초록색 반죽을 아주 작은 구슬 형태로 만들고 본툴로 오목하게 눌러 꽃받침을 만든 후 물로 붙인다. [사진 14~16]

7 봉우리는 고리가 있는 27호 철사에 아주 작은 원 모양의 반죽을 고정시킨다. [사진 17, 18]

8 그 위에 꽃잎을 감싸서 붙인 후 꽃받침을 붙여 봉우리를 완성한다. [사진 19~23]

9 봉우리와 꽃을 섞어 갈색 테이프로 테이핑한다. 나무의 질감이 나타날 수 있도록 갈색 테이프를 뭉쳐서 중간 중간 섞어 테이핑하고, 와인색으로 음영을 넣어 더스팅한다. [사진 24, 25]

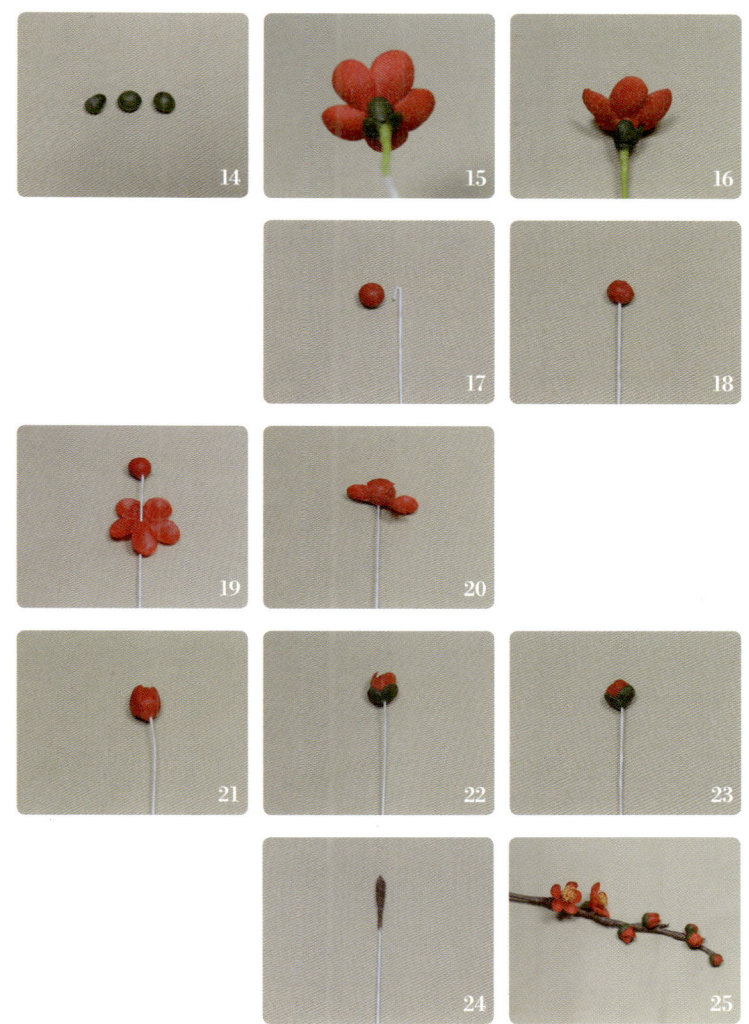

슈가 플라워 _ Level 3   151

스타게이저 릴리
Stargazer lily

기본 도구 ✚ 추가 재료 | 반죽색소[초록색]
가루색소[초록색, 진자주색, 가지색, 연노란색, 와인색]
꽃가루[옥수수 가루 + 가루색소]
알코올
백합 템플레이트
콘베이너

암술·수술 만들기

1. 27호 철사에 연한 초록색의 반죽을 감싸서 암술 형태를 만들고, 핀셋으로 3등분하여 모양을 낸다. [사진 1, 2]

2. 가지색으로 암술머리에 더스팅한 후, 초록색으로 아래쪽을 색칠하여 그라데이션 주어 암술을 완성한다. [사진 3]

3. 27호 철사끝을 ㄱ자로 만들고, 철사를 반죽으로 감싸 긴 수술을 만들어 고정시킨다. [사진 4~7]

4. 수술에 물을 발라 꽃가루를 묻힌다. [사진 8]

5. 암술을 가운데 두고 5개의 수술을 빙 돌아가며 감는다. [사진 9]

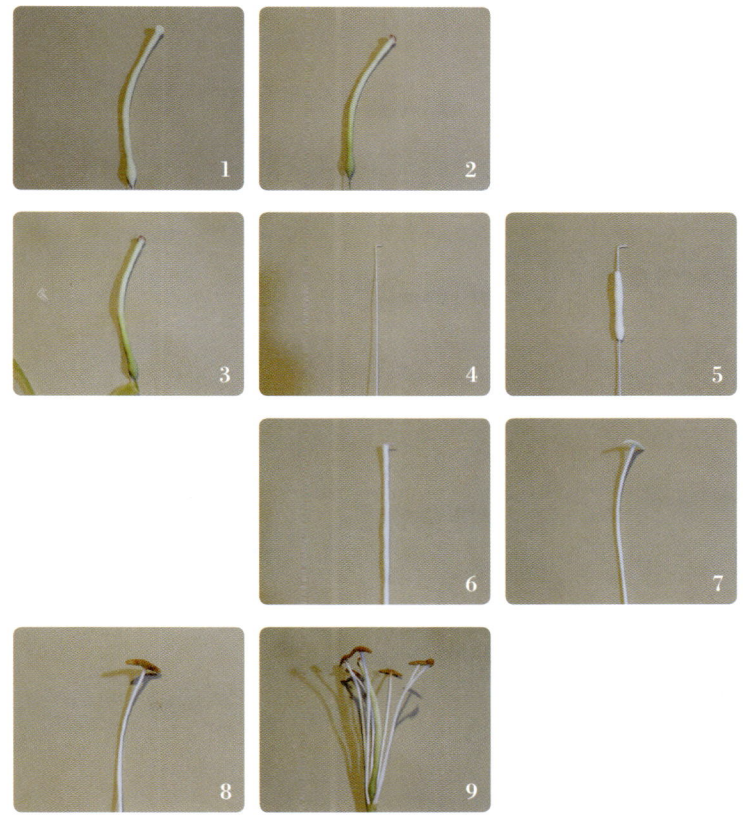

스타게이저 릴리 꽃잎 만들기

1 철사에 흰색 반죽을 조금 감싼다. 보드 위에 고정시키고, 그 위에 소시지 형태의 반죽을 올리고 눌러 준 후 밀대로 조심스럽게 민다. 넓은 모양의 꽃잎은 잘라낸다. [사진 1]

  > **tip** 위아래로 마구 밀다보면 철사가 삐져나오므로 주의한다.

2 베이너에 잎맥을 찍은 후 본툴로 가장자리를 부드럽게 밀고, 손으로 자연스러운 모양으로 만든다. 같은 모양의 꽃잎을 3장 만든다. [사진 2]

3 좁은 꽃잎의 모양도 같은 방식으로 3장 만든다. 넓은 꽃잎에만 아랫부분에 가위집을 넣어 모양을 낸다. [사진 3, 4]

4 초록색과 연노란색을 섞어 꽃잎 아랫부분을 색칠한다. 진자주색과 와인색을 섞어 꽃잎을 칠한다. [사진 5, 6]

5 넓은 꽃잎에만 와인색을 알코올에 개어 점을 찍는다. [사진 7]

6 테이핑한 암술, 수술 주변으로 넓은 꽃잎 3장을 돌아가며 테이핑한다. [사진 8]

7 3장의 꽃잎 사이사이에 나머지 좁은 꽃잎 3장을 테이핑한다. [사진 9, 10]

8 끓인 물 위에서 스티밍하여 색상을 고정시킨다. [사진 11]

잎사귀 만들기

1 초록색 반죽을 와이어드 플라워즈 기법으로 잎사귀를 찍어낸다. [사진 1]

2 콘베이너에 찍고, 본툴로 가장자리에 프릴을 준다. [사진 2, 3]

3 가지색으로 색칠한다. [사진 4]

벚꽃
Cherry blossoms

| 기본 도구 ✚ 추가 재료 | 반죽색소[자주색, 초록색]
가루색소[와인색, 진노란색]
블러썸 커터
극소사씨 |

벚꽃 꽃잎 만들기

1 아주 얇고 작은 연한 초록색의 암술을 만든다. [사진 1]
2 극소사씨를 암술 주위로 27호 철사에 테이핑한다. [사진 2~4]
3 수술 끝에 진노란색의 가루색소를 바른다. [사진 5]
4 연한 분홍색 반죽을 사용하여 멕시칸 햇 기법으로 꽃잎을 만든다. [사진 6]
5 가위를 이용해 꽃 주위에 모양을 넣고, 본툴로 프릴을 넣는다. [사진 7, 8]
6 만들어 놓은 암술과 수술을 꽃잎 센터에 끼운다. [사진 9~11]

슈가 플라워 _ Level 3

7 고리가 있는 27호 철사에 연한 분홍색의 작은 공을 걸고, 칼집을 넣어 봉우리 모양을 만든다. [사진 12~14]

8 초록색 반죽으로 꽃받침을 찍어내어 꽃과 봉우리에 붙인다. [사진 15~17]

9 와인색으로 음영을 넣으며 칠해준다. [사진 18]

거베라(쟈브라)
Gerbera

기본 도구 ⊕ 추가 재료 | 반죽색소[갈색, 빨간색, 초록색]
가루색소[빨간색, 와인색, 진노란색]
쟈브라 커터
극소사씨
알코올

쟈브라 꽃잎 만들기

1. 갈색 반죽을 고리가 있는 20호 철사에 고정한 후 가위집을 넣는다. [사진 1~3]
2. 머리 부분은 잘라낸 극소사씨를 빙 돌려가며 붙인다. [사진 4]
3. 붉은색 반죽으로 주변을 감싼다. [사진 5~7]
4. 빨간 색소에 알코올을 섞어 극소사씨를 색칠하고, 끝부분에는 진노란색 꽃가루를 입힌다. [사진 8, 9]
5. 작은 사이즈의 꽃잎을 찍어 끼워 붙인다. [사진 10~13]

6 같은 사이즈로 한 번 더 반복한다. [사진 14, 15]

7 와이어드 플라워즈 기법으로 큰 꽃잎을 만든다. [사진 16, 17]

8 주변을 빙빙 돌려가면서 테이핑한다. 꽃잎이 풍성해질 때까지 반복한다. [사진 18~21]

9 초록색 반죽을 작은 쟈브라 커터로 찍어 반을 잘라서 꽃받침을 붙인다. [사진 22~25]

10 빨간색과 와인색으로 더스팅하고, 스티밍으로 마무리한다. [사진 26~27]

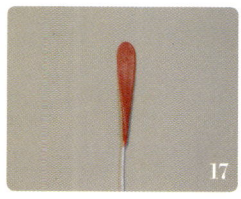

백작약
White peony

| 기본 도구 ⊕ 추가 재료 | 반죽색소[초록색]
모란 커터
모란 잎사귀 베이너 |

백작약 만들기

1 작은 원 모양으로 센터를 만들어 고리가 있는 20호 철사에 끼운다. [사진 1]

2 작은 사이즈의 꽃잎에 프릴을 넣어 3~4장 겹쳐 붙인다. [사진 2~6]

3 조금 큰 사이즈의 꽃잎을 와이어드 플라워즈 기법으로 오려내어 프릴을 넣고 3~4장 테이핑한다. [사진 7~10]

4 더 큰 사이즈의 꽃잎을 같은 방법으로 만들어 8~9장 테이핑한다. [사진 11~15]

5 가위로 잘라 톱니 형태의 꽃잎을 만들어 12~15장 정도 돌려가며 테이핑한다. [사진 16~19]

6 아주 큰 사이즈의 꽃잎을 오려내어 프릴을 넣고 오목한 형태로 만든 후 8~9장 테이핑한다. [사진 20~23]

7 초록색 반죽을 철사에 끼워 둥근 꽃받침 2개, 길죽한 꽃받침 2개를 만들어 테이핑한다. [사진 24~27]

패럿 튤립
Parrot tulip

기본 도구 ✚ 추가 재료	반죽색소[초록색] 가루색소[초록색, 분홍색, 진노란색, 연노란색, 가지색, 진자주색] 알코올

패럿 튤립 꽃잎 만들기

1 반죽을 조금 떼어 27호 철사에 감아 수술과 암술을 만든다. [사진 1, 2]

2 암술 머리 부분을 핀셋으로 3등분한다. [사진 3~7]

3 머리부분을 진노란색으로 색칠하여 암술을 완성시킨다. 가지색을 알코올에 개어 색칠하여 수술 6개를 만든다. [사진 8]

4 암술 주변을 빙 둘러 싸도록 수술을 테이핑한다. [사진 9]

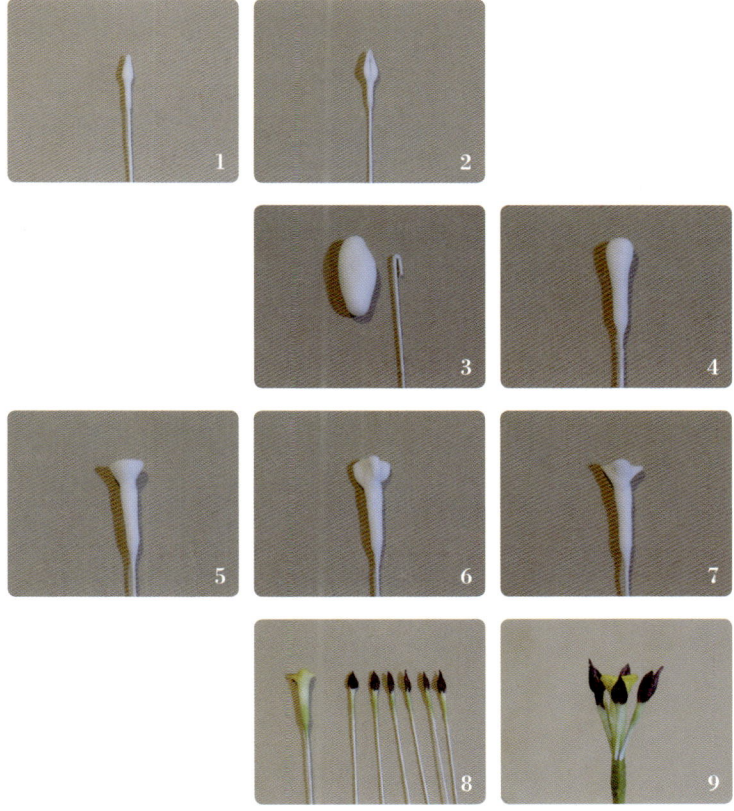

5 흰색 반죽을 와이어드 플라워즈 기법으로 오려낸다. [사진 10]

6 커팅휠을 사용하여 갈기갈기 찢어진 잎 모양을 만든다. [사진 11, 12]

7 손으로 꽃잎 모양이 곡선이 되게 만진다. 같은 모양의 꽃잎을 6장 만든다. [사진 13]

8 초록색과 연노란색을 섞어 밑둥을 칠한다. [사진 14]

9 진자주색과 분홍색, 진노란색을 섞어 꽃잎 가장자리를 칠한다. 앞과 뒤 같은 모양으로 색칠한다. [사진 15, 16]

10 초록색에 알코올을 섞어 가는 붓으로 세로 선을 긋는다. [사진 17]

11 만들어놓은 센터를 중심으로 3장을 우선 테이핑하고, 다시 그 사이에 3장을 더 테이핑한다. [사진 18, 19]

잎사귀 만들기

1 초록색 반죽을 와이어드 플라워즈 기법으로 길게 오려낸다. [사진 1~3]

2 가지색으로 더스팅하여 완성한다. [사진 4, 5]

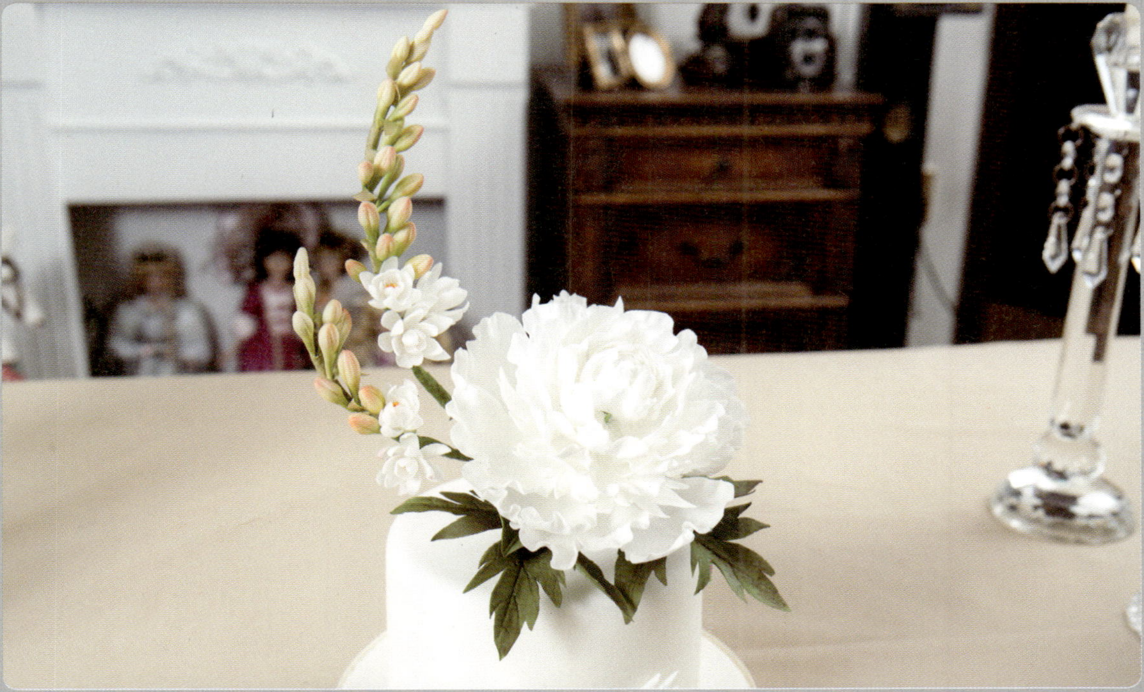

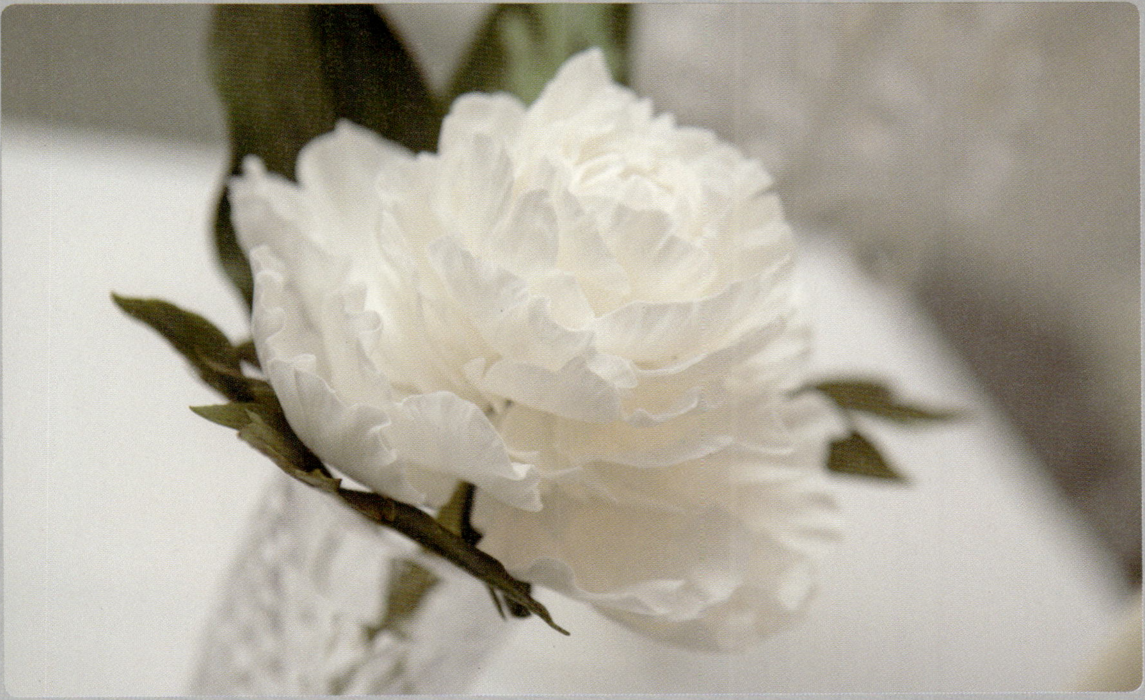

부록
슈가크래프트
이론 문제

부록
슈가크래프트 이론 문제

01 다음 중 슈가 페이스트 및 플라워 페이스트의 재료가 아닌 것은?
① 분당
② 젤라틴
③ 쇼트닝
④ 전분

02 슈가 페이스트 반죽에서 탄력을 위해 더하는 재료가 아닌 것은?
① 젤라틴
② 검 트라가칸쓰
③ 쇼트닝
④ CMC

03 반죽의 농도를 맞추기 위해 첨가되는 재료는 무엇인가?
① 젤라틴 ② 달걀흰자
③ 쇼트닝 ④ CMC

04 날씨가 추울 때 믹싱볼을 데워 사용하는 이유는 무엇인가?
① 반죽의 색상을 더욱 뽀얗게 하기 위해
② 젤라틴이 급속도로 굳는 것을 방지하기 위해
③ 반죽에 더욱 탄력을 주기 위해
④ 끈적임을 덜하게 하기 위해

05 다음 중 반죽 완성 후 적당한 숙성 시간은?
① 반죽이 완성되면 바로 사용한다.
② 냉장고에서 하루 정도 숙성 후 사용한다.
③ 실온에서 일주일 동안 숙성 후 사용한다.
④ 냉동고에서 1시간 급속 냉동 후 사용한다.

06 다음 중 반죽이 부스러지는 원인은 무엇인가?
① 쇼트닝을 지나치게 많이 넣어서
② 물엿의 양이 많이 들어가서
③ 젖은 분당을 사용해서
④ 달걀흰자가 너무 차가워서

07 지나치게 끈적거리는 반죽의 해결법은 무엇인가?
① 물을 더 첨가하여 반죽한다.
② 젤라틴을 녹여 첨가한다.
③ 반죽을 전자레인지에 데워 다시 반죽한다.
④ 약간의 쇼트닝과 분당을 조금씩 더 넣어 가며 반죽한다.

08 다음 중 완성된 반죽의 적당한 보관법은 무엇인가?
① 소분하여 쿠킹호일에 싼 후 냉동실에 보관한다.
② 덩어리째 비닐팩에 넣어 실온에 보관한다.
③ 소분하여 비닐팩에 밀봉한 후 밀폐용기에 넣어 냉장고에 보관한다.
④ 소분하여 비닐팩에 밀봉한 후 밀폐용기에 넣어 실온에 둔다.

09 젤라틴을 중탕하여 완전히 녹이지 않았을 때 발생하는 문제점은?
① 반죽이 질어진다.
② 반죽의 지나치게 쫄깃해진다.
③ 군데군데 투명한 덩어리가 생긴다.
④ 반죽에서 냄새가 난다.

10 다음 중 반죽의 되기를 조절할 때 가장 영향을 주는 두 가지는 무엇인가?
① 습도와 온도
② 온도와 도구
③ 색소와 도구
④ 습도와 도구

11 반죽 완성 후 보관을 제대로 하지 않아 표면이 말라 버렸다. 다음 중 가장 적당한 해결 방법은 무엇인가?
① 분당을 넣고 다시 반죽한다.
② 쇼트닝을 듬뿍 발라 반죽한다.
③ 표면에 굳은 반죽을 잘라내고 다시 고루 치대어준다.
④ 다시 모두 합쳐 고루 치대어준다.

12 반죽을 완성한 후 올바른 보관법이 아닌 상태로 방치하였다. 이에 발생할 수 있는 현상이 아닌 것은?
① 반죽 표면이 뻣뻣해진다.
② 반죽 표면에 곰팡이가 생겼다.
③ 반죽의 젤라틴이 변형을 일으켜 녹아 내린다.
④ 녹이지 않은 젤리 덩어리가 군데군데 잡힌다.

13 날씨가 매우 무덥고 습한 장마철에 슈가 페이스트 제조시 더욱 신경 써야 할 점은 무엇인가?
① 달걀흰자를 더 넣는다.
② 달걀흰자의 양을 줄인다.
③ 쇼트닝을 넣지 않는다.
④ 젤라틴을 더 넣는다.

14 반죽이 지나치게 단단하여 사용하기 힘들 때 해결 방법은 무엇인가?
① 분당을 더 섞는다.
② 전분을 넣어 섞는다.
③ 쇼트닝을 대량 넣어 섞는다.
④ 물이나 달걀흰자를 조금씩 섞어가며 치댄다.

15 다음 중 파스티야주를 만들기 적합한 재료는 무엇인가?
① CMC
② 검 아라빅
③ 젤라틴
④ 검 트라가칸쓰

16 다음 중 재료 보관법으로 적당하지 않은 것은?
① CMC나 분당 등의 분말 재료는 밀폐용기에 넣어 직사광선을 피해 건조한 곳에 보관한다.
② 쇼트닝은 밀봉하여 냉장고에 보관한다.
③ 완성된 슈가 페이스트는 비닐팩에 싸서 밀폐용기에 넣어 냉장고에 보관한다.
④ 물엿은 냉동고에 보관한다.

17 완성된 슈가 페이스트에서 군데군데 투명한 점들이 발견되었다. 그 이유는 무엇인가?
① 분당이 뭉쳤다.
② 물엿의 온도가 너무 높았다.
③ 젤라틴이 충분히 중탕되지 않았다.
④ 쇼트닝의 양이 너무 적었다.

18 다음 중 광택을 표현하고자 할 때 사용되는 적당한 것이 아닌 것은?
① 달걀흰자
② 바니쉬 용액
③ 스티밍
④ 투명 매니큐어

19 완성된 반죽을 다룰 때 주의해야 할 점이 아닌 것은?
① 더스팅 색소나 페이스트 색소를 만진 후에는 반드시 손을 닦고 반죽을 만진다.
② 달라붙지 않도록 손에 물을 발라가며 만진다.
③ 반죽은 항상 비닐팩에 싸서 공기와 접촉되지 않도록 유의한다.
④ 반죽이 너무 진 경우 손에 분당을 발라가며 다룬다.

20 다음 중 사용한 도구의 잘못된 보관 방법은 무엇인가?
① 사용한 보드나 밀대는 미지근한 비눗물에 부드럽게 닦아 건조시킨다.
② 반죽이 붙어 있는 플라스틱 커터는 물에 담가 불린 후 닦아낸다.
③ 반죽이 남아있는 금속제 커터는 계속 물에 담가둔다.
④ 가위나 핀셋은 끈적임이 남지 않도록 비눗물로 닦아 완전히 건조시킨다.

21 다음 중 로얄 아이싱의 주재료를 고르시오.
① 흰자, 분당
② 노른자, 전분
③ 흰자, 전분
④ 흰자, 일반 설탕

22 다음 중 로얄 아이싱 제조 후 1~2일 정도 보관할 때 가장 올바른 방법은?
① 금속용기에 넣어 냉동고에 보관한다.
② 젖은 행주로 덮어 냉장고에 보관한다.
③ 플라스틱 밀폐용기에 넣어 냉장고에 보관한다.
④ 플라스틱 밀폐용기에 넣어 냉동고에 보관한다.

23 다음 중 케이크 커팅시 로얄 아이싱의 부서짐을 방지하기 위해 사용되는 것은 무엇인가?
① 버터
② 식초
③ 레몬즙
④ 글리세린

24 다음 중 제조된 로얄 아이싱의 유통기한은 어떻게 되는가?
① 시원하고 건조한 곳에서 1주일
② 시원하고 건조한 곳에서 4일
③ 덥고 습한 곳에서 4일
④ 덥고 습한 곳에서 1주일

25 로얄 아이싱 제조시 모든 도구와 믹서기의 기름기를 제거해야 하는 이유는?
① 기름기가 아이싱을 너무 단단하게 만드므로
② 아이싱의 끊어짐을 유발하므로
③ 건조시 너무 반짝거리게 되므로
④ 색이 지나치게 하얗게 되므로

26 다음 중 좀 더 단단한 로얄 아이싱을 제조하기 위해 사용되는 첨가물은 무엇인가?
① 레몬즙   ② 식용유
③ 글리세린   ④ 달걀흰자

27 만들어 둔 로얄 아이싱을 사용할 때 공기를 빼고 사용하는 이유는 무엇인가?
① 파이핑시 끊어짐을 방지하기 위해
② 더 단단한 반죽을 만들기 위해
③ 커팅시 부서지지 않게 하기 위해
④ 색을 더 하얗게 하기 위해

28 로얄 아이싱 사용 중 막혔을 때 올바른 대처 방법은 무엇인가?
① 철사로 뚫어 준다.
② 입으로 빨아서 뚫는다.
③ 뜨거운 물로 튜브 입구를 녹인다.
④ 파이핑 백 전체를 뜨거운 물에 담가 두고 쓴다.

29 다음 중 로얄 아이싱 제조 및 사용 방법으로 적절하지 않은 것은?
① 제조된 아이싱은 덥고 건조한 곳에서 4일간 보관 가능하다.
② 아이싱을 단단하게 만들고 싶을 때에는 레몬즙을 첨가한다.
③ 아이싱을 제조하는 모든 도구나 기구는 기름기가 없이 깨끗하게 세척하여 사용한다.
④ 제조된 아이싱은 사용할 때 마다 공기층과 이물질을 제거하고 사용한다.

30 로얄 아이싱이 너무 묽게 제조되었을 경우 바른 대처법은?
① 뜨거운 물을 조금씩 섞는다.
② 분당을 조금씩 섞는다.
③ 달걀흰자를 조금씩 섞는다.
④ 글리세린을 조금씩 섞는다.

31 다음 중 올바른 도구 사용법이 아닌 것은? 2
① 돈툴 사용시 달라붙는 것을 방지하기 위해 쇼트닝을 아주 살짝 바른다.
② 꽃잎에 철사를 끼울 때 좀 더 잘 들어가게 하기 위해 침을 바른다.
③ 반죽이 넓게 잘 펴질 수 있도록 보드 표면에 분당을 바른다.
④ 모든 도구는 항상 청결히 유지한다.

32 커버링 한 케이크 표면이 불룩하게 부풀어 오른 주된 이유는 무엇인가?
① 케이크 표면에 바른 잼의 양이 너무 적어서
② 슈가 페이스트 제조시 쇼트닝이 너무 많이 들어가서
③ 커버링시 유입된 전분이 케이크와 케이크 표면 사이에서 발효를 일으켜서
④ 커버링시 반죽을 너무 두껍게 해서

33 꽃잎 표면에 광택을 주는 기법 중 적당하지 않은 것은?
① 달걀흰자를 바른다.
② 글레이즈 용액을 바른다.
③ 스티밍을 강하게 한다.
④ 버터를 바른다.

34 슈가 부케를 커버링 된 케이크 위에 장식하려고 한다. 그 방법으로 가장 적당한 것을 고르시오.
① 완성된 부케는 그대로 케이크에 꽂는다.
② 완성된 부케의 철사가 케이크에 닿지 않도록 랩이나 플라워 픽을 이용해 장식한다.
③ 완성된 부케가 단단히 고정될 수 있도록 강력 접착제를 이용해 케이크 표면에 고정한다.
④ 부케가 다시 재사용되는 것을 막기 위해 구멍을 뚫고 접착제를 이용해 단단히 고정한다.

35 다음 중 지나치게 스티밍을 한 꽃잎의 상태는?
① 표면이 벨벳처럼 보송보송하다.
② 좁쌀처럼 우툴두툴한 돌기가 생긴다.
③ 광택이 감돈다.
④ 광택이 생기며, 꽃잎의 일부가 녹기도 한다.

36 스티밍이 과하게 되었을 경우 복구 방법으로 올바른 것은 무엇인가?
① 쇼트닝을 덧바른다.
② 더스팅을 더욱 강하게 한다.
③ 전분을 조금 덧발라 광택을 없앤 후 다시 더스팅한다.
④ 물에 담갔다가 건져서 건조시킨 후 다시 더스팅한다.

37 더스팅 과정으로 올바르지 않은 것을 고르시오.
① 색소 가루가 지나치게 발라졌을 경우 입으로 강하게 불어준다.
② 색소를 더욱 진하게 칠하고 싶을 때는 스티밍 후 다시 한번 더스팅한다.
③ 더스팅시 브러시에 한번에 많은 양의 색소를 사용하기보다는 연하게 여러 번 덧발라 완성한다.
④ 더스팅 작업시 가루가 날리지 않도록 유의한다.

38 다음 중 꽃잎 작업시 자꾸 철사가 삐져나오는 원인이 아닌 것은?
① 꽃잎 두께보다 지나치게 굵은 철사를 사용했다.
② 반죽이 매우 탄력있다.
③ 작업시 보드에 반죽이 고정되지 않고 이리저리 밀려서 철사가 어긋났다.
④ 철사에 힘이 없어 반죽에 고정되지 못하였다.

39 장마철에 완성된 슈가 플라워 보관 방법으로 올바르지 않은 것은 무엇인가?
① 냉장고에 보관한다.
② 제습기로 건조한 상태를 유지시킨다.
③ 제습제와 함께 시원하고 건조한 곳에 보관한다.
④ 비가 들이치는 창문이나 입구 쪽에는 보관하지 않는다.

40 반죽 제조시 주의해야 할 점이 아닌 것은?
① 설탕이 오래되어 뭉쳐있지 않은 지 확인한다.
② 모든 재료의 유통기한을 확인한다.
③ CMC의 경우 강도를 확인하여 양을 조절한다.
④ 색소는 다양하게 쓸 수 있도록 공예용 아크릴 물감을 이용한다.

41 반죽이 지나치게 질어서 끈적거릴 경우 해결 방법은 무엇인가?
① 달걀흰자를 추가한다.
② 물을 좀 더 섞는다.
③ 분당을 더 넣는다.
④ 쇼트닝을 추가한다.

42 슈가 플라워 작업시 반죽을 밀었을 때 군데군데 말랑하고 투명한 점들이 발견되었다. 원인은 무엇인가?
① 젤라틴 중탕시 완전히 녹지 않아서 덩어리가 생겼다.
② 반죽을 너무 얇게 밀어서 생긴 결과이다.
③ 분당이 오래되어 설탕가루들이 뭉쳤다.
④ 분당에 함유된 전분이 덩어리를 만들었다.

43 반죽을 제조한 후 올바르게 보관하지 않아 표면이 굳어버렸다. 다음 중 재사용할 수 있는 방법으로 옳은 것은?
① 표면에 물을 바른 후, 다시 반죽하여 사용한다.
② 굳어버린 표면은 살짝 떼어내고 굳지 않은 부분만 사용한다.
③ 모든 반죽을 믹서기에 넣고 다시 함께 치대어 사용한다.
④ 쓸 수 없는 반죽이므로 버린다.

44 다음 중 반죽에 색소를 지나치게 많이 사용할 경우 생기는 현상은 무엇인가?
① 의도했던 색상보다 매우 흐려지기 때문에 더스팅을 더욱 강하게 해야 한다.
② 반죽이 질어질 수 있다.
③ 반죽의 상태가 매우 단단해지기 때문에 물을 섞어야 한다.
④ 반죽에서 단맛이 강해진다.

45 다음 중 반죽 보관시 옳은 방법이 아닌 것을 고르시오.
① 오래 두고 쓸 반죽은 비닐팩에 밀봉하여 냉동실에 보관 후 해동하여 사용한다.
② 실온에 보관하는 반죽은 비닐팩에 밀봉 후 밀폐용기에서 최장 1주일까지 사용 가능하다.
③ 장마철에는 습하고 더워서 유통기한이 짧아지므로 유의한다.
④ 반죽은 설탕 성분으로 유통기한이 길기 때문에 겨울철에는 실온에서 한 달 이상 사용 가능하다.

46 다음 중 로얄 아이싱 제조시 유의사항으로 옳지 않은 것은?
① 모든 도구와 그릇에 기름기가 남아있지 않게 제거한 후 사용한다.
② 달걀흰자에 노른자가 조금 섞였을 경우에는 살짝 걷어내고 사용한다.
③ 좀 더 단단한 로얄 아이싱을 만들기 위해 레몬즙을 몇 방울 첨가한다.
④ 일반적으로 분당과 달걀흰자의 비율은 5 : 1이다.

47 슈가 플라워를 만들 때 도구에 달라붙어 반죽이 찢어지는 원인이 아닌 것은?
① 반죽이 질고 끈적인다.
② 도구에 이물질이 붙어 있어 계속 달라 붙는다.
③ 반죽이 오래되어 젤라틴이 녹기 시작했다.
④ 깨끗한 도구와 탄력있는 반죽을 사용했다.

48 커팅휠 사용시 자꾸 꽃잎이 달라 붙는 주된 이유는 무엇인가?
① 도구에 쇼트닝이 묻어 있어서
② 전분 사용으로 반죽이 보송보송해져서
③ 반죽 등의 이물질이 붙어 있는 청결하지 않은 커팅휠을 사용해서
④ 적당히 탄력 있는 반죽을 사용해서

49 다음 중 슈가 페이스트의 첨가물로 적합하지 않은 것은 무엇인가?
① 분당
② 젤라틴
③ 달걀노른자
④ 물엿

50 다음 중 완성된 슈가 플라워를 냉장고에 보관했을 시 발생할 수 있는 상황은 무엇인가?
① 꽃이 더욱 단단해진다.
② 표면에 습기가 생겨 녹을 수 있다.
③ 더욱 오랜 시간 보관할 수 있다.
④ 표면에 곰팡이가 생긴다.

51 더스팅 작업 중 꽃잎에 색소가 얼룩지는 현상이 발생하였다. 주된 이유는 무엇인가?
① 반죽이 거칠어서
② 색소를 너무 조금 사용해서
③ 꽃잎이 너무 건조해서
④ 꽃잎을 만들 때 쇼트닝이 표면에 묻어서

52 다음 중 베이너를 사용할 때 무늬가 선명하지 않게 찍히는 원인은 무엇인가?
① 꽃잎이 너무 얇아서
② 베이너를 찍을 때 힘을 너무 살짝 줘서
③ 반죽이 굳어서
④ 반죽이 너무 질어서

53 다음 중 멕시칸 햇 기법으로 만들어야 하는 것은 무엇인가?
① 장미 잎사귀
② 백합 잎사귀
③ 장미 꽃받침
④ 수국 꽃잎

54 와이어드 플라워즈를 만들 때 주의사항으로 적합하지 않은 것은?
① 철사가 움직이지 않도록 보드에 잘 고정시킨 후 반죽을 밀어 편다.

② 철사를 자를 때 튀지 않도록 항상 주의한다.
③ 반죽에 철사가 쉽게 들어가도록 침을 묻혀서 넣어준다.
④ 꽃잎이 밀어 펼 때 움직이지 않도록 보드에 쇼트닝을 아주 약간 바른다.

55 다음 중 장미의 중심이 되는 센터를 고정시킬 철사의 굵기로 적당한 것은?
① 18호
② 27호
③ 30호
④ 상관없다.

56 슈가 플라워 작업시 도구에 계속해서 반죽이 달라붙는 주요 원인은 무엇인가?
① 굳은 반죽
② 청결하지 못한 도구
③ 쇼트닝을 바른 보드
④ 젤라틴이 많이 들어간 반죽

57 다음 중 완성된 부케의 보관 방법으로 올바른 것은 무엇인가?
① 냉장고에 보관한다.
② 덥고 습한 곳에 보관한다.
③ 밀폐용기에 뚜껑을 꼭 닫은 채 넣어 보관한다.
④ 바람이 잘 통하는 시원한 곳에 직사광선을 피해 보관한다.

58 슈가 플라워 작업시 건조하여 말라버린 반죽을 재사용하기 위한 적당한 방법은 무엇인가?
① 물이나 달걀흰자를 조금 섞어 다시 치대어 사용한다.
② 쇼트닝을 듬뿍 발라 꽃을 밀어 편다.
③ 옥수수 전분을 뿌려 사용한다
④ 그대로 꽃을 만들고 김을 쏘여준다.

59 다음 중 더스팅 후 색상을 좀 더 오래 선명하게 유지시키기 위한 방법은?
① 스티밍을 한다.
② 물에 담갔다가 뺀다.
③ 쇼트닝을 고르게 바른다.
④ 달걀흰자를 표면에 바른다.

60 다음 중 프릴을 넣는 기법이 사용되지 않는 꽃은 무엇인가?
① 카네이션
② 스윗피
③ 반작약
④ 포인세티아

| 정답 |

1	④	2	③	3	③	4	②	5	②
6	①	7	④	8	③	9	③	10	①
11	③	12	④	13	④	14	④	15	③
16	④	17	③	18	④	19	②	20	③
21	①	22	③	23	④	24	②	25	②
26	①	27	①	28	③	29	①	30	②
31	②	32	③	33	③	34	②	35	④
36	②	37	①	38	②	39	①	40	④
41	③	42	①	43	②	44	②	45	④
46	②	47	④	48	③	49	③	50	②
51	④	52	④	53	②	54	②	55	③
56	②	57	④	58	①	59	①	60	④

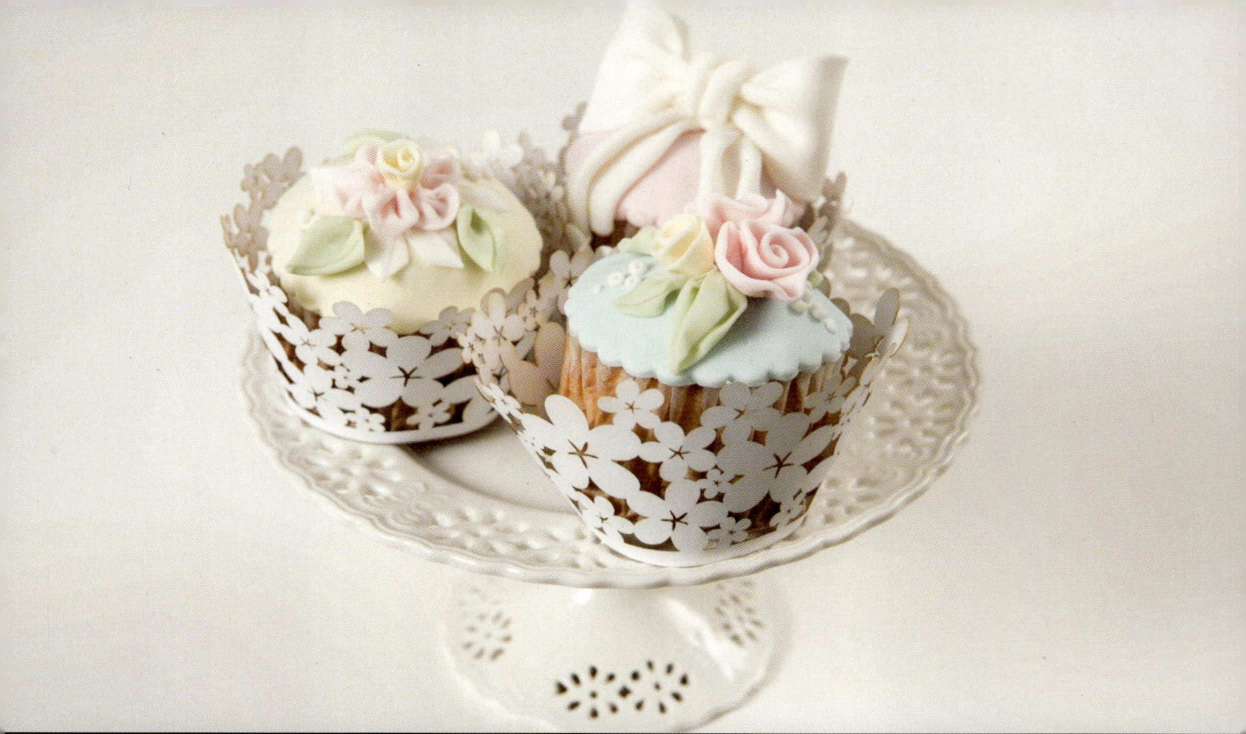

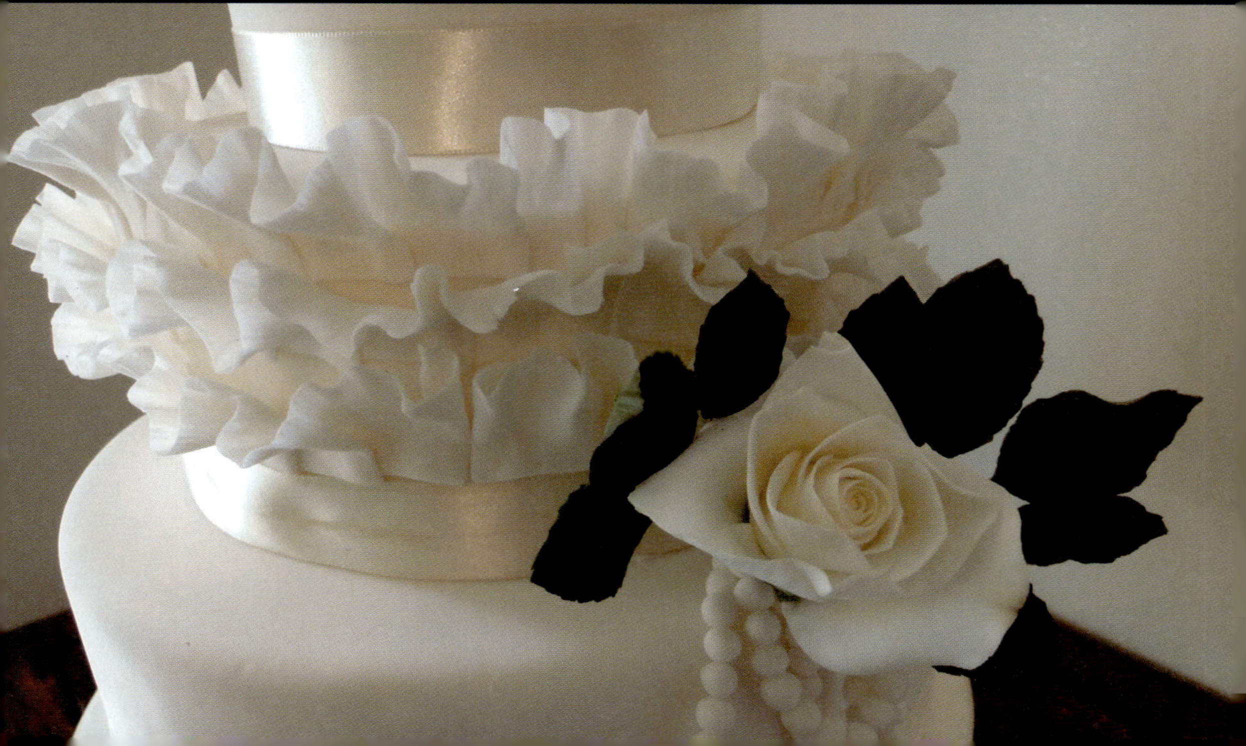

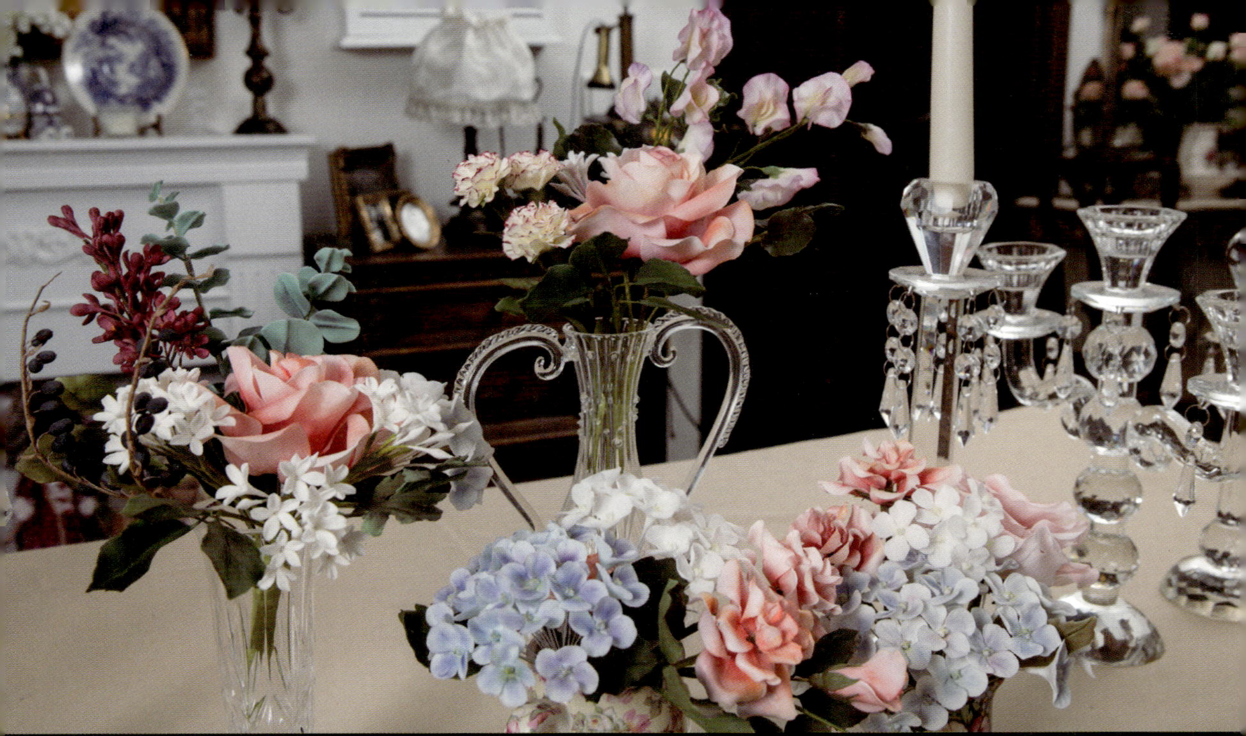

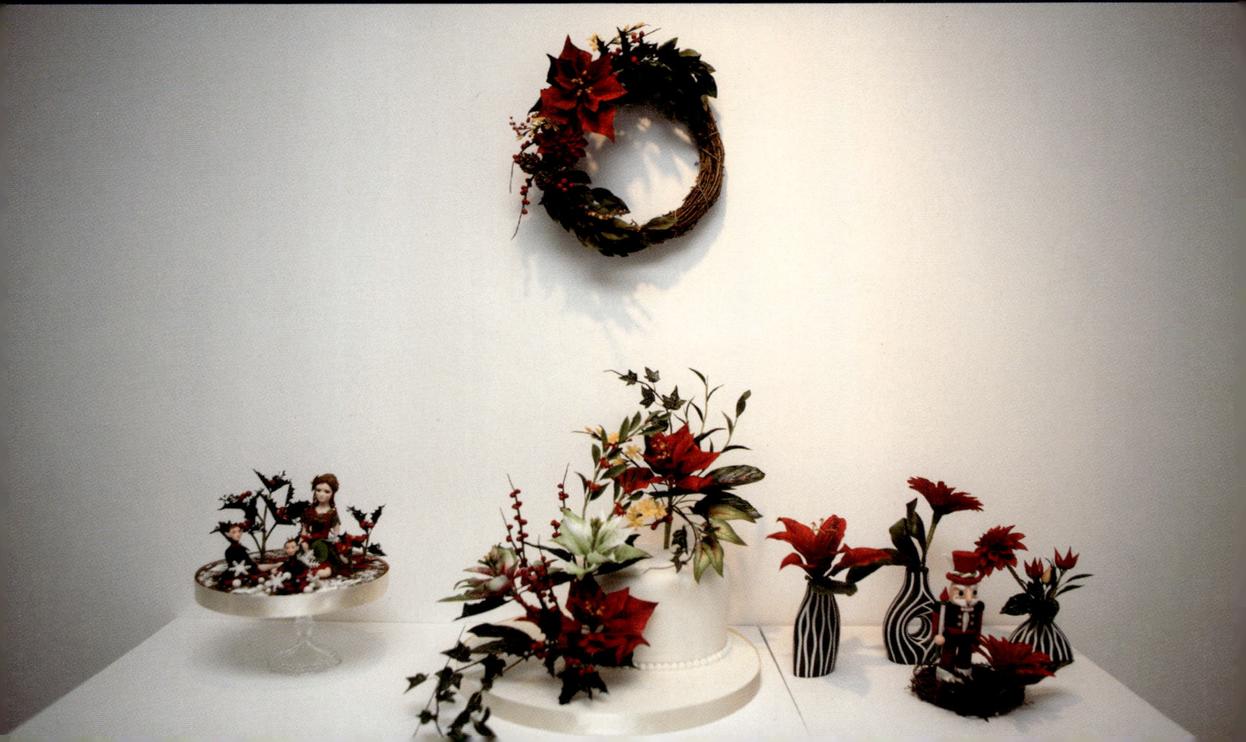